한국인이
가장 오해하기 쉬운
현지영어표현

한국인이
가장 오해하기 쉬운
현지영어표현

지은이 | 최정화
펴낸이 | 김성실
편집 | 김성은 · 김선미 · 이소영 · 박성훈 · 김하현
해설 | Gina Kim
마케팅 | 곽흥규 · 김남숙
인쇄 | 삼광프린팅
제책 | 바다제책
펴낸곳 | 윈타임즈
출판등록 | 제313-2012-50호(2012.2.21)

초판 1쇄 | 2013년 5월 2일 펴냄

주소 | 121-816 서울시 마포구 연희로 19-1(동교동 113-81) 5층
전화 | 편집부 (02)335-6125, 영업부 (02)335-6121
팩스 | (02)325-5607
e-mail | kse-sahae@hanmail.net

ISBN 978-89-968581-7-1 13740
책값은 뒤표지에 있습니다.

- 잘못된 책은 바꾸어 드립니다.
- 저자의 허락 없이 무단 전재나 복제를 금합니다.

한국인이 가장 오해하기 쉬운 영어표현

| 최정화 지음 · Gina Kim 해설 |

요요 현상 없는 영어
Winning & Living English

노력한 만큼 '온전히 내 것'으로
만들어 써먹을 수 있는 영어 프로그램을 만들겠습니다.
모국어의 위상과 소중함을 망각하지 않고,
영어 배우기가 세계인과 소통하는 수단으로
자리매김되도록 노력하겠습니다.

{ 대한민국 보통사람들을 위한 영어개발팀 : 윈타임즈 }

여는 글

영어,
용감하게 부딪쳐야 잘할 수 있다

영어 좀 한다는 사람들도 의외로 쉬운 영어에서 어려움을 겪을 때가 많다. 쉬운 말인데도 제대로 알아듣지 못하거나 그 뜻을 곧바로 이해하지 못하는 경우가 허다하다. 문법을 몰라서도 아니며 어휘가 부족해서도 아니다. 토플이니 토익이니 하는 책을 들고 열심히 공부한 사람들도 막상 원어민과 마주치면 이런 실수를 연발하게 된다.

전 국민의 취미가 영어 배우기란 말이 나올 정도로 한국인들의 영어에 대한 관심과 열의는 참으로 대단하다. 외국인들에게 우리의 취미가 '영어 평생 교육'으로 비치기 시작한 것은 아마도 '세계화' 시대가 오고부터일 것이다. 우리의 외국어에 대한 남다른 열의는 생존경쟁과 직결되어 있다고 생각한다. 어찌 보면 대부분의 한국인들이 영어 공부에 투영하고 있는 꿈은 지극히 소박하다. 일상 생활에 필요한 기본 회화만이라도 제대로 말하고 싶다는 것이다.

왜 어린아이들이 어른들보다 영어를 더 빨리 익히고 발음도 더 정확할까? 어린이들과 어른들은 과연 무엇이 어떻게 다른가?
언어학자인 슈만Schumann, 가드너Gardner, 램버트Lambert는 공동 연구를 통해 다음 세 가지로 답하고 있다.

첫째, 어린이는 성인에 비해 또래 그룹에 속하고자 하는 욕구가 크므로 외국어 학습에 대한 동기부여가 그만큼 크다. 예를 들어 아이가 부모를 따라 외국에 나가 사는 경우 그 나라 어린이들과 같이 어울리고 싶기 때문에 어른보다 빨리 그 나라의 말을 배우게 마련이다.

둘째, 아직 자아의식이 약한(less self-conscious) 어린이는 수줍음을 덜 타기 때문에 어른만큼 틀리는 것에 민감하지 않다. 따라서 그만큼 쉽게 배울 수 있다.

셋째, 아이들은 새로운 환경에 처했을 때 그 문화와 일체감을 느끼고 자신을 그 문화에 동일시하는 경향이 강하므로 그만큼 쉽게 외국어를 배울 수 있다.

그렇다면 사춘기가 지나 외국어를 익혀야 하는 대부분의 우리는 가망이 없다는 말인가? 아니다! 그 이후 외국어를 배워도 상당 수준에 오른 수많은 사례가 계속 학계에 보고되고 있다는 사실은 실로 고무적이다. 스노우 Snow와 호프나겔 홀레 Hoefnagel-Hohle는, 이민 와서 외국어를 배우는 사람들을 크게 어린이·청소년·성인 세 그룹으로 나누어 기간별로 외국어 능력을 측정하였다. 그 결과 발음, 듣고 이해하는 능력, 문법 지식, 문장 번역 능력, 문장 말하기 능력 등 거의 대부분의 영역에서 청소년들이 가장 뛰어난 능력을 보여주었다. 처음 몇 개월간은 청소년과 성인 집단이 어린이 집단보다 더 빨리 외국어를 배운다는 결과가 나왔다. 물론 1년 후 어린이 학습자들이 여러 영역에서 성인 집단을 추월했지만 청소년 집단이 가장 높은 수준을 유지한 것을 보면 동기부여가 높은 경우 어린이가 아니어도 충분히 외국어를 잘 할 수 있다는 사실이 입증된 것이다.

여는 글

미국 외교관들에게 외국어 교육을 시키는 국무성 산하 외교연수원의 연수 결과도 성인들에게 영어 학습 의욕을 한층 북돋운다. 첫째, 성인들도 집중적인 학습을 통해 원어민에 근접한 수준의 외국어를 습득할 수 있다. 둘째, 단기적인 기억력은 연수생 나이에 반비례하지만, 단기 기억력 감퇴를 그동안 축적된 경험으로 보완하여 외국어 학습에 많은 도움이 되었다. 셋째, 대부분의 연수생이 성인이 되고 나서 외국어를 배워 악센트나 발음에서는 원어민 수준에 미치지 못했다.

그러므로 사춘기 이후 외국어 학습자가 원어민과 똑같은 수준의 외국어 구사를 목표로 삼는 것은 비현실적이다. 실용성을 강조한 '부딪쳐서 써먹을 수 있는 현지 영어'가 바로 우리가 지향해야 할 현실적인 목표다.

영어로 의사를 소통하고 싶다면 실수를 두려워하지 않아야 한다. 이유는 간단하다. 문법적으로 완벽한 회화를 구사하는 게 목표가 아니라 자신이 말하고자 하는 바를 표현하는 것, 즉 커뮤니케이션이 목표이기 때문이다. 처음부터 완벽한 회화를 구사하는 사람은 없다. 다만 조금씩 실수를 줄여가고 표현력을 키워가다보면 외국인과도 스스럼 없이 영어로 대화를 나눌 수 있게 되는 것이다.

이 책에 실린 사례들은 저자나 주위 한국외대 통역번역대학원 학생들이 직접 경험하고 목격한 것들이므로 대개(특히 이러한 상황에 부딪쳐본 독자라면) 공감할 수 있을 것이다. 그리고 같은 실수를 반복하지 않을 방법을 이 책에서 찾을 수 있을 것이다. 각 상황에 푹 빠져 정확한 표현과 뜻을 익히길 바란다. 영어로 능숙하게 말하려면, 무엇보다 먼저 이해한 내용과 표현을 수없이 반복 연습하여 통째로 체득함으로써 같은 상황에 처했을 때 저절로 입에서 튀어나오도록 자기 것으로 만들어야 한다.

Practice! Practice! Practice!(해보고! 또 해보고! 또 해보고!)

우리말이든 외국어든 모든 언어는 자연스러운 생활, 재미있는 일이나 대화를 통해서 더욱 쉽게 터득할 수 있다. 사전을 찾아봐도 그 뜻이 비슷비슷하게 보이는 단어들의 미묘한 뉘앙스 차이를 쉽게 이해할 수 있도록 예문을 곁들여 설명하였으며, 알아두어야 실수하지 않을 이디엄 표현들부터 여러 관습의 유래에 이르기까지 궁금한 것을 하나하나 짚고 넘어갔다.

외국어 회화에서는 무엇보다 실전이 중요하다. 그러므로 외국어를 잘하려면 외국인들과 많이 접촉해야 한다. 외국인과의 대화중에 틀리면 어떻게 하나, 혹시 내 말을 못 알아듣기라도 하면 어떻게 하나 두려워하지 말고 겁없이 부딪쳐야 한다.
한국 사람이 외국어를 못하는 것은 너무나 당연한 일이 아닌가. 한국어 못한다고 겁먹는 외국인이 없으니 우리도 전혀 걱정할 필요가 없다. 오히려 최선을 다하지 않는 태도가 더 부끄러운 일이다.

이 책이 나오기까지 실로 많은 사람들이 도움을 주었다. 한국외대 통역번역대학원 제자들에게는 일일이 이름을 밝혀 고마움을 전하지 못하는 것이 미안할 따름이다. 우리가 익혀야 할 표현들에 생기生氣를 불어넣어 준 한국외대 통역번역대학원 임향옥 교수와 감수 과정에서 예리한 지적을 해 준 Carolyn Scheer 교수에게 고마운 마음을 전한다.

지은이 **최정화**

최정화의 특강

최정화식 외국어 정복하기

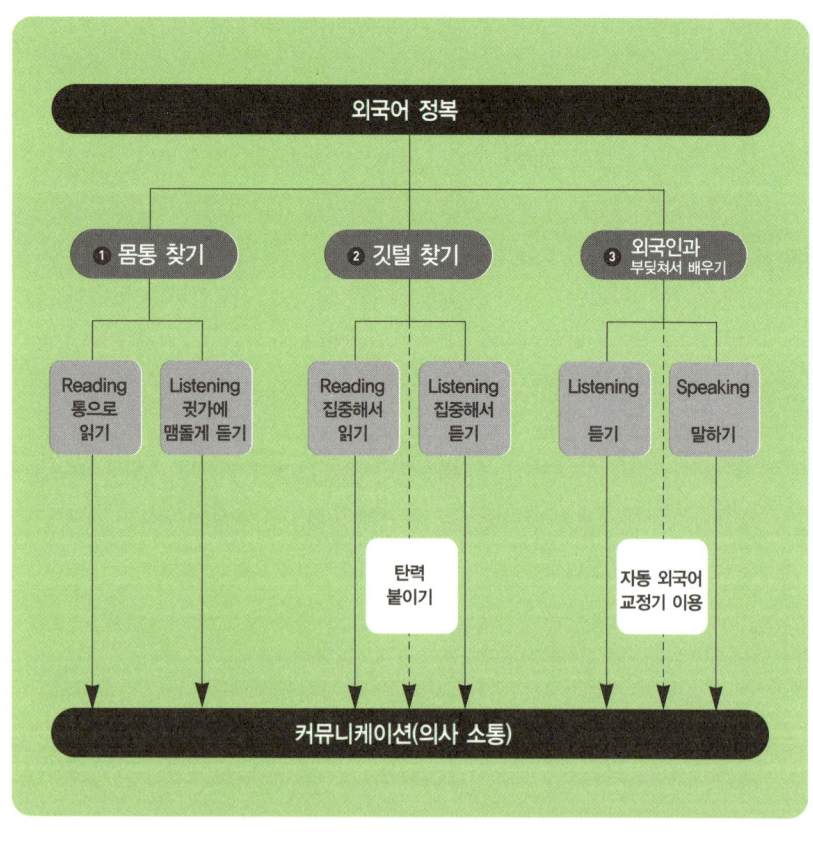

❶ 몸통 찾기

Reading : 통으로 읽기

외국어를 잘 하려면 무엇보다 책을 많이 읽어야 한다. 여기서 중요한 것은, 사전을 보지 않고 죽 읽어나가면서 전체의 뜻을 파악하는 '몸통 찾기'다. 처음에 모르는 단어가 많이 나오더라도 개의치 않고 계속 읽어나가면 글의 맥락과 표현 방식에 점차 익숙하게 된다.

전체적인 뜻을 파악하는 연습을 하면 빠르고 직독직해력이 저절로 길러진다. 아무리 바쁘고 힘들더라도 적어도 보름에 한 권씩 여러 분야의 책을 골고루 읽으면 언어 지식은 말할 것도 없고 언어 외적인 주제 의식까지도 보너스로 얻을 수 있으니 그야말로 일석이조다.

외국어를 잘하려면 오래 지속해야 하는데, 그러려면 우선 재미를 붙여야 한다. 재미를 붙이려면 딱딱하고 어려운 교재보다는 자신이 깊은 관심을 갖고 있는 분야나 가볍게 흥밋거리로 볼 수 있는 외국어 교재(만화도 좋고 패션이나 스포츠 잡지도 좋다)로 시작하는 것이 좋다.

기사를 읽을 때 일반 문어체가 너무 딱딱해서 잘 이해가 안 되면 비교적 쉬운 구어체로 쓰인 인터뷰 기사를 먼저 읽는 것도 요령이다.

Listening : 귓가에 맴돌게 듣기

아침에 일어나는 것과 동시에 무조건 TV나 라디오, 오디오를 켜놓고 집을 나서기 전까지 필요한 외국어에 귀를 노출시켜라. 이렇게 하면 집중해서 듣지 않아도 외국어의 멜로디에 익숙해지는 데 도움이 된다. 크게 정신집중을 요하지 않는 일을 할 때는 늘 외국어 방송이나 오디오를 켜놓아 귓가에서 그 외국어가 맴돌게 하는 것이 중요하다.

영어는 CNN이나 BBC 방송, 프랑스어는 F2, TV5 방송, 일본어는 NHK 방송이 추천할 만하다. 내 경우에는 다림질을 할 때, 집안을 정리할 때, 식사를 준비할 때에도 늘 외국어 방송이나 오디오를 듣는다.

최정화의 특강

❷ 깃털 찾기

Reading : 집중해서 읽기

이 훈련도 가능하면 매일 해야 한다. 통으로 읽기가 양적인 측면에 중점을 두었다면 이 연습은 질적인 측면을 강조한 방법이다.

새로운 단어뿐 아니라 숙어, 문장, 표현법, 전치사 같은 세부 사항까지 하나하나 주의를 기울여 체크하고 정리한다. 단어의 뜻은 항상 맥락 속에서 파악해야 한다. 관용어법의 경우 특히 어떤 동사와 함께 쓰이는지를 숙지해야 한다.

단어나 관용 표현 등을 '따로 국밥'식으로 익히는 것은 외국어 표현에 도움이 되지 않는다. 문장, 더 나아가 맥락 속에서 배우고 익혀야 그 뜻을 정확히 파악하고 필요할 때 손쉽게 꺼내 쓸 수 있다.

Listening : 집중해서 듣기

우선 라디오 방송을 5분 정도 녹음해 듣는다. 이때 내용 파악뿐 아니라 표현에도 주의를 기울인다. 특히 어떤 어구의 핵심 단어를 들었을 때 그 단어에만 신경쓰지 말고 어구를 구성하는 전치사·동사까지도 잘 듣고 외우도록 해야 한다.

외국어를 어느 정도 듣고 이해는 하지만 말할 때 표현이 미숙한 이유는 듣기 훈련 단계에서 핵심 단어로만 뜻을 대충 파악하고는 세세한 표현에 신경을 쓰지 않기 때문이다. 한번 들은 표현을 나중에 활용하고 싶어도 적절한 동사나 전치사 등이 생각나지 않아 아예 포기하거나 양복바지에 운동화를 신은 것 같은 어색한 표현을 쓰게 된다.

내용을 완전히 '소화'했다고 생각되면 이제 들은 내용을 써본다. 그런데 대부분의 경우 뜻은 파악했으면서도 막상 들은 내용을 써보려면 표현이 잘 생각나지 않게 마련이다. 다시 녹음된 내용을 여러 번 반복해서 들으며 정확한 표현을 쓸 수 있을 때까지 연습한다.

귀에 맴돌게 듣기와는 달리 집중해서 듣기를 할 때 무엇보다도 중요한 것은 듣고 또 듣고 반복해서 내용을 완벽하게 들어야 한다는 점이다. 매일 대강 다섯 시간을 듣는 것보다 귀찮더라도 짧은 시간이나마 매일 같은 내용을 수없이 반복해 들음으로써 단 한 번이라도 그 내용을 완벽하게 들은 경험을 한 사람만이 듣기 능력을 향상시킬 수 있다.

대충 듣기는 금물이다. 앞서 언급한 귀에 맴돌게 듣기와는 별도로 집중해서 듣기는 문장 하나하나를 완벽하게 듣는 것이 중요하다는 사실을 잊어서는 안 된다.

❸ 외국인과 부딪쳐서 배우기

외국인과 자주 만나라

말은 하면 할수록 늘게 마련이다. 그래서 외국인과 만나 평소에 익혀둔 표현을 활용하고, 정확한지 검증받을 수 있는 기회를 가져야 한다.

실전 경험이 없고 한국에서만 영어를 배운 사람들은 외국인을 만나면 말이 잘 안 나온다고 어려움을 호소한다. 이런 사람들은 무엇보다도 외국인 공포증을 없애는 훈련부터 해야 한다. 여기에는 따로 비방이 없다. 그저 자주 만나야 한다. 한국 사람끼리도 자주 만나야 벽이 허물어지고 편안한 관계가 되듯이 외국인과도 자주 만나야 두려움이 없어지고 편하게 얘기할 수 있는 것이다.

외국어를 잘하려면 99퍼센트의 용기와 1퍼센트의 노력이 필요하다.

Contents

- 여는 글 영어, 용감하게 부딪쳐야 잘할 수 있다 6
- 최정화의 특강 최정화식 외국어 정복하기 10

Act 1 파란 달이 뜨면 압구정동에 간다고?   20

파란 데서 온 소식이라니? out of the blue 22 |
파란 달이 뜨면 압구정동에 간다고? in a blue moon 24 |
추운 음악을 듣자니… cool music 25 | 맘상이라서… long face 26 |
금요일 여자라니? girl Friday 27 | 돈이 말을 하다니? Money talks! 28 |
젖은 담요라고? wet blanket 29 | 늘 땅에 앉아 있다고? down-to-earth 30 |
카드를 내려놓으라니? put your cards on the table 31 |
네 신발을 내가 왜 신어봐? put yourself in my shoes 32 | 뉴델리 갔다오게? deli 33 |
24/7??? twenty-four seven 34 | 매너가 없어서 manners 36 |
이미 약혼을 했다고? I've a previous engagement. 38 |
얼음 깨러 가자고? break the ice 39 |
다리 사이에 낀 꼬리? with one's tail between one's legs 40 |
어젯밤 살인을 했다고? make a killing 41 | 뭘 몰라도 너무 몰라! the time of day 42 |
옷을 벗을 줄 알고? keep your shirt on 46 | 때리긴 왜 때려? How did he strike you? 47 |
어디로 가냐고? There you go! 48 | 신발을 신고 있으라고? be a shoe-in 49 |
훔쳤다고? That's a steal. 50 | 발이 차가워져서 말이 안 나와? get cold feet 51 |
조금씩 더워진다고? are getting warmer 52 |
일어나서 커피 냄새를 맡으라니? Wake up and smell the coffee! 53 |
손가락에 십자가를 그리겠다니? I'll keep my fingers crossed for you. 54 |
다리를 부러뜨리라고? Break a leg! 55 | 바빠 죽겠는데 다리를 흔들라고? Shake a leg! 56 |
다리를 잡아당긴 적 없는데… to pull one's leg 58 |
하늘에서 달(?) 따기 ask for the moon 59 | 행복한(?) 행사라니… happy event 60 |
이름을 부르는 것 갖고 싸우다니? call someone names 61 |
내가 통나무 같다고? sleep like a log 62 | 내 손에 맞아죽을래? die in one's arms 63 |
야릇한(?) 서비스 Turn Down Service 64

Act 2 슬픔을 물에 빠뜨린다고?   68

시체를 타고 넘어가라니! Over my dead body! 70 | 동문서답도 이쯤 되면… call it a day 71 |
빵 한 조각이라니? a piece of cake 72 | 아니, 후배라니까! From your boyfriend? 73 |
흥정하다 말고 내려오라니? come down 74 | 탄탄한 밑줄도 있나? bottom line 75 |

주식시장이 딸꾹질을 한다고? hiccuping stock market 76 | 똥차가 아니라는데… lemon 77 |
이혼좀 한다고 키가 작아져? short 78 | 머리카락을 왜 내려? let your hair down 79 |
연말에나 보자니? play it by ear 80 | 미니스커트가 더워 보인다구? You look hot. 82 |
'연맹의 현 상태'가 어쩐다고? State of the Union Address 83 |
말썽꾸러기 녀석이 똑똑하다고? smart aleck 84 |
뜬금없이 웬 양파? know one's onions 85 |
마실 것 준다면서 웬 향수? What's your poison? 88 |
샴페인 마시러 지붕 위로? on the house 89 |
웹사이트에 책갈피를 꽂아두라고? bookmark 90 |
회사를 갖고 있냐고? Do you have company? 91 |
인터넷에 웬 홍수? flooded with spam 92 | 입이 크다고 해서 좋다고? big mouth 93 |
시간 있으세요? Do you have the time? 94 |
다이어트할 때 뭘 먹느냐고? the typical diet 95 |
슬픔을 물에 빠뜨린다고? drown one's sorrow 96 | 돈을 찢어달라고? break 97 |
도대체 어딜 나가자고? go out with 98 | 좋아서 가냐고? for good 99 |
베고 자보고 말해준다고? sleep on it 100 | 충분한 게 충분한 거라니? Enough is enough! 101 |
계속 편지해준다고 하고선? I'll keep you posted. 102 | 4=for? Eggs 4 Sale 103

106 왜 없는 숙제를 하라고 그래? Act 3

내 목에다 숨을 내쉬어? breath down one's neck 108 |
옷을 벗어 내리라니? dress down 109 | 환상적인 가게라고? gift shop 110 |
눈을 한번 감아달라고? ignore 111 |
왜 없는 숙제를 하라고 그래? do one's homework 112 | 드디어 걸렸구나! Hold it! 113 |
반지로 바꿔달라고? give me a ring 114 | 공놀이는 안했는데… have a ball 115 |
왜 또 창 밖을 내다봐? Watch out! 116 | 심장이 부서진다고? heart broken 117 |
계단이 있어야 보지? Watch Your Step! 118 |
무슨 요리를 하느냐고? What's cooking? 119 |
한술 더떠 코까지 골아? a sound sleeper 120 | 숙녀한테 이놈들이라뇨? guys 121 |
웬 쇠고기 타령? Where's the beef? 122 | 너무 나가지 말라니까! not to go too far 123 |
아저씨한테 말하다니? Say Uncle! 124 |
거지 취급한 건 아닌데… beggars can't be choosers 125 |
성인잡지를 빌려달라니? yellow pages 126 | 땅콩 회사에 다닌다고? for peanuts 127 |
자신을 잃어버리라고? lose oneself 130 |
제로섬 게임이 무슨 경기 이름이라니? the name of the game 132 |

누구 약 올리고 있나? This is not my day 133 | 사우나에서 땀을 뺏나? in the hot seat 134 |
골 넣고 가긴 어딜 가? Way to go! 136 | 너희들이 뭘 알아? You know what? 137 |
고개를 들라고? Heads up! 138 | 콜라 캔으로 뭔가 한다더니? I can use a coke. 140 |
바닥을 올리라고? Bottoms up! 141 | 자동차 부츠를 세일한다고? Car Boot Sale 142 |
경찰서에 들른다더니? petrol station 143 | 아직도 마차를 타고 다녀? by coach 144 |
짐을 싸다말고 샤워를 하라고? go to the shower 145 |
난 네 위에 있다고? I'm over you! 146 | 자연이 부른다고? nature calls 147 |
입을 지켜보라고? Watch your mouth! 148 | 빨간 목이라니? red necks 149

Act 4 팬티를 벗고 뛰라고? 152

머리 위에 뭐가 있어? What's up? 154 |
서로 등을 긁어주자고? You scratch my back, and I'll scratch yours. 155 |
여기 좀 세워주겠니? Can you drop me here? 156 | 비밀스러운 얘기? small talk 157 |
야간 비행기를 타면 나쁜가? fly-by-night 158 |
하루아침에 독실한 신자가 되었다고? get religion 159 |
무슨 다른 약속 있어요? Do you have any plans for tomorrow? 160 |
'에피소드'는 그 에피소드가 아닌걸… Did anything interesting happen? 161 |
바쁜데 웬 시내 타령? Let's go to town. 162 |
영어가 그리스 어로 보인다고? It's Greek to me. 163 |
개집에 살고 있다고? be in the doghouse 164 |
머리를 먼저 출발시켰다고? have a head start 165 |
아직도 콧물을 흘린다고? keep one's nose clean 166 |
모자를 여러 개씩 쓰고 다닌다고? wear several hats 168 |
주식시장이 남쪽으로 간다고? go south 170 |
그날이 뭐하는 날인데? That will be the day. 171 |
추운 곳에 혼자 남겨졌다고? be left out in the cold 172 |
케이크를 가져가라고? take the cake 173 | 하얀 걸 왜 하얗다고 않는지… grey hair 176 |
차 가격을 말해달라니깨! a ballpark figure 177 |
그새 흑심을 품다니? What's the date today? 178 |
지겨운데 왜 목이 아프지? a pain in the neck 180 | 서클은 수학이라고? club 181 |
춤춤 추자는데… dance floor 182 | 왜 못알아 듣는 거지? dress shirt 183 |
왜 엉뚱한 곳에서 기다려? reception desk 184 |
커피 한잔 먹기가 이렇게 힘들어서야… bland coffee? 185 |
비닐 봉지도 없다니? plastic bag 186 | 폭탄 머리는 싫은데… bangs 187 |

배가 아프다는데 웬 그릇 타령? bowel movement 188
소금물은 안 파는데요! saline solution 189
렌즈 사려는데 웬 카메라 가게? contact lenses 190
약 먹은 손가락도 있어? ring finger 191
팬티를 벗고 뛰라고? have a run in one's pantyhose 192
봄닭이라니? spring chickens 193

196   만나는 사람마다 키스를 한다고?   Act 5

내려온다더니? to come down with something 198
아기 목욕을 던져준다고? baby shower 199
좋은 날씨의 친구라고? a fair-weather friend 200
웬 감사 표시를 저렇게 해? Courtesy of CNN 202
좀 공손하게 부탁하면 어디가 덧나니? Could you~, please? 203
때를 말하라뇨? Say when! 204 나이 많은 게 무슨 자랑이야? under age 205
내가 찜했어! Shot gun! 206 속은 내가 타는데… be burned out 207
어떤 아이템인데? an item 208 고스톱 칠 줄 아느냐고? play go 209
운동하러 갔다왔는데… I work out in a gym. 210
카세트를 빌려달라고? cassette tape player 211
누가 호텔을 알려달래? toilet vs. restroom 212 뭘 하지 말라는 거지? No Soliciting! 213
샐러리맨이 아니라고? salaried employee 214 애프터서비스 after-sales service 215
눈알을 사러 가자고? window shopping 216 느닷없이 웬 정원? Scotland Yard 217
다시 얘기해달라고? You can say that again. 220
만나는 사람마다 키스를 한다고? pay lip service 221
우린 쌍둥이가 아니라니깐! Double or twin? 222 사귀는 사람 없는데… Mr. Right 223
로프 던지기를 배우라고? learn the ropes 224 그게 무슨 자랑이라고? sleep around 225
아무렴 외박하고 다닐까봐? to sleep in 226 밤새 세워두었다고? stabd sb up 227
반쪽 인간이라니? better half 228 자존심이 세다? ego problem 229
우리의 우정이 역사적이라고? history 230
마음을 주겠다고? give sb a piece of one's mind 231
생일 옷차림으로 수영을 해? birthday suit 232
물속 깊이 잠겨있다고? be in deep water 233
배 한번 안 탄다고 어디 덧나니? miss the boat 234
콧대가 세서 이겼다고? by a nose 235
그 밖의 오해하기 쉬운 표현 236

Wisdom is knowing
skill is knowing how
and virtue is to do it.

지혜는 다음에 무엇을 해야 하는 것을 아는 것이고
기술은 어떻게 해야 하는지를 아는 것이며
미덕은 실천에 옮기는 것이다.

by

what to do next,
to do it,

지혜로운 사람은 남의 실수에서 배우고
어리석은 사람은 자신의 실수에서 배운다.

Wise men learn
other men's mistakes;
fools by their own.

Act 1 in a blue moon

out of the blue
in a blue moon
cool music
long face
girl Friday
Money talks!
wet blanket
down-to-earth
put your cards on the table
put yourself in my shoes
deli
twenty-four seven
manners
I've a previous engagement.
break the ice
with one's tail between one's legs
make a killing
the time of day
keep your shirt on
How did he strike you?
There you go!
be a shoe-in
That's a steal.
get cold feet
be getting warmer
Wake up and smell the coffee!
I'll keep my fingers crossed for you.
Break a leg!
Shake a leg!
to pull one's leg
ask for the moon
happy event
call someone names
sleep like a log
die in one's arms
Turn Down Service

파란 달이 뜨면 압구정동에 간다고?

out of the blue

파란 데서 온 소식이라니?

회사가 미국계 회사에 합병되면서 기철은 미국인 브라운을 상사로 모시게 되었다. 하루는 일찍 도착해 커피를 마시며 느긋하게 신문이라도 좀 읽으려 했는데 브라운도 일찍 출근하는 것이 아닌가. 영어에 자신이 없어 피하려 했으나 이미 엎질러진 물! 바로 옆에 다가와 벌써 말을 걸고 있었다.

> **Kichul, the news of the factory closedown came out of the blue.**

아니 '공장을 닫는다는 소식이 파란 데서 왔다'니 이게 무슨 소린가…? 아! 청와대(the Blue House)에서 유출된 소식이란 말인가…. 아니야, 한국에 온 지 한 달밖에 안된 브라운이 청와대 고위 인사를 알 리가 만무한데….
기철은 **out of the blue**가 **뜻밖에, 뜬금없이**라는 뜻인 줄 미처 몰랐던 것이다.

○ SITUATION 1

A: I had no idea at all. He told me he was leaving the company.
전혀 생각지도 못했는데. 그가 회사를 떠난다고 말했어.

B: The news came **out of the blue**.
뜻밖이네.

○ SITUATION 2

A: I just got a call from Amy.
지금 막 에이미한테서 전화를 받았어.

B: How is she?
잘 지낸대?

A: **Out of the blue**, she told me she just got fired.
뜬금없이 해고당했다고 말하네.

| 이삭 줍기

blue와 red를 사용한 표현

out of the blue   뜻밖에 ::

No one was expecting it.
When you learn something out of the blue, it is a surprise.
아무도 기대하지 않았는데, 뜻밖에도 네가 뭔가를 배우겠다니 놀랍다.

feel blue   기분이 울적하다 ::

I was alone on my wedding anniversary feeling blue.
결혼 기념일에 혼자여서 울적했다.

in the red   적자인 ::

I was in the red.   나는 적자였다.
'In the red' means to 'not have enough money'.
When a company is in the red, it is in trouble.
My mom never has enough money to pay her bills. She is always in the red.
내 어머니는 늘 적자인지라 각종 청구서를 결제할 돈이 없다.

red tape   귀찮고 복잡한 관료주의, 형식주의 ::

Sometimes getting papers from the government requires a lot of red tape.
정부에서 서류를 발급받으려면 종종 귀찮고 복잡한 절차를 거쳐야 한다.
The new president pledged to cut bureaucratic red tape to boost competitiveness of domestic companies.
새 대통령은 국내 기업의 경쟁력 제고를 위해 불필요한 관료주의를 철폐할 것을 약속했다.

roll out the red carpet   극진하게 대우하다 ::

Our company rolled out the red carpet when the Minister visited us.   장관이 방문했을 때 우리 회사는 성대하게 환영했다.

in a blue moon

파란 달이 뜨면 압구정동에 간다고?

아이들을 좋아하는 준희는 어린이 영어학원 강사로 일하기 시작했다. 자연스레 외국인 회화 선생님들과 어울리면서 많은 것을 배울 수도 있어 일석이조라 생각하며 시작한 것이다. 하루는 미국인 강사 톰과 최근 개봉한 영화에 대해 이야기를 하다가 준희는 「Do you like to go to the movies?」(영화 자주 보세요?)라고 물었다. 그러자 톰은 이해할 수 없는 대답을 했다.

> **I seldom go to the movies. Maybe once in a blue moon.**

첫 문장은 '잘 안 간다'는 뜻이 분명한데…, '파란 달이 뜰 때면 한 번씩 간다'는 뒷 문장이 어째 좀 이상하다. 혹시 한국에 온 지도 얼마 안 되면서 벌써 압구정동에 있는 재즈 카페 'Blue Moon'에 드나든다는 소린가? 준희가 어리둥절해하니까 톰은 자상하게도「It means that you rarely do something.」이라고 일러주었다. 아, **in a blue moon**이 **아주 가끔씩** 이라는 뜻이었구나!

○ **SITUATION**

A: **I don't feel like cooking tonight. Do you want to eat out?**
오늘 집에서 밥할 기분이 아니야. 오늘 우리 외식할래?

B: **Sure. I always eat out.**
그래. 난 항상 외식하는걸.

A: **You mean you don't cook at all?**
집에서는 전혀 밥 안 해먹어?

B: **Of course I cook sometimes – maybe once in a blue moon.**
물론 가끔씩은 하지. 아주 간혹 가다가 말이야.

• **eat out** 외식하다　• **not at all** 전혀 ~하지 않다　• **at all** 이왕에 ~할 바에는, 적어도

Scene 003 — cool music

→ 추운 음악을 듣자니…

톰은 미국 유학중인 민수와 한방을 쓰는 기숙사 룸메이트다. 아직 난방이 들어오지 않아 추워죽겠는데 「I want to listen to some **cool music**.」이라고 하는 게 아닌가.
아니 그냥 앉아 있어도 추워죽겠는데 들으면 추워지는 음악을 듣다니, 취미도 정말 악취미라 생각하고 있는데… 음악이 나오기 시작했다. 아니 추워지기는커녕 주중의 피로가 싹 가시는 근사한 음악이 아닌가.

> **I want to listen to some cool music.**

민수는 cool에 '차가운, 추운' 외에 좋은, 근사한(wonderful, exciting, great)이라는 다른 뜻이 있다는 걸 미처 몰랐던 거다.

○ SITUATION

A: **What a great song!**
노래 정말 좋은데!

B: **You got that right. This station plays really cool music. You can listen to it for hours.**
맞아, 이 방송은 정말 좋은 곡만 틀어줘. 몇 시간이라도 들을 수 있겠어.

A: **Me too. Let's just sit back and listen for a while.**
나도 그래. 편히 앉아 좀 듣자.

B: **Cool! Sounds like a great idea!**
근사해! 정말 좋은 생각이야.

• station 방송국　• cool music 좋은 음악　• sit back 편안히 앉다

long face

말상이라서…

토니로부터 생일 초대를 받은 미성은 뛸 듯이 기뻤다. 미국에 온 지 얼마 안 되어 아직 영어는 서툴렀지만 같은 수업을 듣는 토니가 마음에 들어서 좀더 친해지고 싶던 참이었다. 그렇잖아도 수업 시간 외에는 따로 만날 기회가 없어 애를 태우던 중이었는데… 미성은 토니가 설마 자기만 초대했을 리는 없고 다른 클래스메이트도 모두 초대했으리라 여겼다. 그런데 줄리아가 이렇게 말했다.

> **Amalia has a long face because she didn't get an invitation to the party.**

'아니, 아말리아가 말상(馬像)이라서 생일 파티에 초대받지 못했다고…? 나도 말상이지만 초대받았는데…' 미성은 속으로 중얼거리며 고개를 갸우뚱거렸다. 미성은 long face가 '얼굴이 긴 말상'이 아니라 슬픈 표정의 얼굴이나 울상이라는 뜻인 줄 미처 몰랐던 거다. 말상은 'horse face'로 표현한다.

○ **SITUATION**

A: Sunmi didn't get the job she applied for.
　선미가 지원한 회사에 안 됐어.

B: I guess she would have a **long face**.
　아마도 울상을 짓고 있겠네.

- get the job 취직이 되다   • apply for ~에 지원하다
- have a long face(=be with a long face) 슬픈 얼굴을 하다

girl Friday

금요일 여자라니?

경희가 알고 지내는 올리비아는 대학을 갓 졸업하고 무슨 일이든 하고 싶어 했다. 드디어 지역 TV 방송국에서 일하게 되었는데, 올리비아를 잘 아는 친구 캐롤이 이렇게 말하는 게 아닌가.

> **She has gotten a job as a girl Friday at the local TV studio.**

아니, 금요일에만 출근한다고? 그럼 왜 매일 출근하는 척하는 거지…? 경희는 **girl[man] Friday**가 모든 일을 충직하게 열심히 하는 직원이라는 뜻을 미처 몰랐던 거다.

○ SITUATION

A: Are you free this Friday? There's a real nice movie playing at the theater.
이번 주 금요일에 시간 되니? 극장에서 재미있는 영화 상영중인데.

B: I'm sorry. I'm working late that day.
미안해. 그날 늦게까지 일해야 해.

A: You've really become the boss's **girl Friday**, haven't you?
정말 열심히 일하는구나.

B: Not really. I just had a two-week vacation. I can't wait to get back to work.
아니 그렇지도 않아. 2주간 휴가였잖아. 이제 빨리 일하고 싶은걸.

• girl[man] Friday(= an efficient and devoted employee) 모든 일을 해내는 충실한 직원

Money talks!

돈이 말을 하다니?

연일 신문지면을 장식하는 기업 스캔들corporate scandal을 보면서 이 과장은 한탄을 금할 수 없었다. '세상에… 나 같은 서민들은 평생 만져보지도 못할 돈을 그처럼 부정하게 떡 주무르듯 하다니…' 생각할수록 울화가 치밀어 오른 나머지 얼떨결에 옆에 있던 미국인 회계 상무 제임스에게 영어로 「Can you believe it? These people gave away billions of won to bribe some politicians.」(정치인들을 매수하기 위해 수십억 원을 쏟아부었다는데 이게 말이나 됩니까?)라고 말했다. 그랬더니 제임스가 아리송한 말을 던졌다.

Money talks!

아니, 돈이 말을 하다니? 무슨 뚱딴지 같은 소린지… 그래서 이과장은 「Excuse me?」라고 반문했다. 그제서야 제임스는 「Money makes everything possible.」이라고 설명해 주었다. **Money talks!**란 **돈이면 다 되는 세상**이라고….

○ SITUATION

A: How did you recruit him?
  어떻게 그 사람을 우리 회사로 스카우트했어요?

B: **Money talks!** There's nothing you can't do with money.
  돈이면 다 돼! 이 세상에 돈으로 안 되는 게 뭐가 있겠어.

A: What do you mean?
  그게 무슨 소리야?

B: We offered him an annual salary of $100,000 and he said 'yes' right away.
  우리 회사가 연봉 10만 달러를 제시하니깐 바로 '오케이' 하던데.

- right away(=at once) 곧, 당장

wet blanket

젖은 담요라고?

필수는 자신이 잘 놀지도 어울리지도 못하는 성격임을 잘 아는 터라 미국에 건너온 지 한 학기가 지나도록 여태 한 번도 파티에 가본 적이 없다. 하지만 이번에는 종강 파티라 호기심도 발동한데다가, 유학 동기 영훈이 이번에 안 가면 후회막심할 거라며 귀가 따갑도록 조르는 통에 용기를 냈다. 사방에서 마시고 먹으면서 어찌나 떠들어대는지… 필수와 영훈이 여기저기 두리번거리고 있는데, 필수를 처음 본 헬렌이 영훈에게 말을 걸어왔다.

> He is such a **wet blanket**. He won't dance.

영훈은 헬렌의 말에 고개를 갸우뚱거렸다. 아무리 봐도 필수는 젖은 담요를 걸치지도 않았고 옷이 젖어 춤을 못 출 정도도 아니었다. 이리저리 생각을 굴려봤지만 무슨 말인지 도무지 알 수가 없었다. 영훈은 wet blanket가 흥을 깨는 사람(one who quenches or dampens enthusiasm or pleasure) 또는 트집쟁이라는 뜻인지는 상상하지도 못했던 거다.

○ SITUATION

A: We all had a good time at the picnic. As usual, Anne complained about the food and how noisy it was.
우린 모두 즐거운 야유회를 보냈지. 그런데 앤은 늘 그렇듯이 음식도 마음에 들지 않았고 놀러간 데도 시끄러웠다고 불평을 늘어놓더군.

B: As usual, Anne was a wet blanket.
앤이야 늘 그렇듯 트집잡는 데는 선수잖아.

- quench(=dampen) 끄다
- at the picnic 피크닉에서
- go on a picnic 피크닉을 가다
- as usual 늘 그렇듯이

Scene 008

down-to-earth

늘 땅에 앉아 있다고?

제인은 어떻게 해야 할지 몰라 발을 동동 구르고 있는 영희에게 빌에게 물어보라고 하면서 이렇게 말했다.

> **Bill is down-to-earth.**

아니, 빨리 해결 방법을 찾아야 하는데, 태평스럽게 땅바닥에 앉아 있다니… 영희는 속이 탔다. **down-to-earth**는 현실적인이란 뜻인데 영희는 그걸 몰랐던 거다. **down-to-earth advice**란 현실적인 조언이란 뜻이다. 즉 제인이 보기엔 빌이(영희가 다급한 상황을 극복할 수 있도록) 현실적인 조언을 해줄 수 있다는 뜻으로 얘기한 것이다.

○ SITUATION

A: I heard that Bill is honest and gives good advice. Can I count on him?
빌이 정직하고 좋은 조언을 해준다고 들었는데, 그를 믿어도 되는지요?

B: Yes, you can count on him. He is **down-to-earth**.
믿어도 돼요. 그는 매우 현실적인 사람이에요.

• count on 믿다, 의존하다

put your cards on the table
카드를 내려놓으라니?

현모는 기말고사를 끝내고 마음 맞는 친구들과 조촐한 파티를 준비하고 있었다. 장소도 좁고 아주 친한 친구들끼리만 오붓하게 즐기고 싶어 평소 알고 지내던 제임스는 미안하지만 초대하지 않았다. 그런데 맙소사, 양손 가득 먹을거리를 사들고 슈퍼를 막 나서다가 제임스와 정면으로 마주치고 말았다. 제임스는 그런 현모를 보고는 대뜸 이렇게 말했다.

> I knew you were up to something. Why don't you **put your cards on the table**?

당황스러움도 잠시, '카드를 내려놓으라니…?' 현모는 제임스의 말을 듣고 곧 황당해졌다. 그것 참, 먹을거리가 카드로 보일 리도 만무하고…? 현모는 종잡을 수가 없었다. 물론 현모는 put one's cards on the table이 의도를 드러내다라는 뜻인 줄 몰랐던 거다.

○ SITUATION

A: Let me **put my cards on the table**. Either we get married or we break up.
내 속을 털어놓을게. 우리 결혼을 하든가 아니면 헤어져.

B: I know you are anxious about this, but please give me some time to make up my mind.
걱정하는 건 알겠는데 생각을 정리할 시간 좀 줘.

- up to ~을 하려고 하여
- break up (회의가) 끝나다, (관계를) 깨뜨리다
- put one's cards on the table 심중을 털어놓다
- spill the beans(= reveal a secret) 비밀을 누설하다

Scene 010  put yourself in my shoes

네 신발을 내가 왜 신어봐?

약속 시간이 30분이 지나도록 메리가 나타나지 않자 수희는 화가 났다. 그런데도 꾹 참고 있는데 메리가 뒤늦게 허겁지겁 달려와서 하는 말이 가관이다.

> Sorry! I just bumped into an old friend of mine and I was so excited that I forgot about our appointment… I'm sure you'd understand if you **put yourself in my shoes**.

'늦어서 미안하니깐 자기 신발을 신어보라고…? 뭐야 이거, 장난하자는 거야?'라는 짜증이 일었지만 꾹 참고 「I don't need your shoes. I'll forgive you this time.」(네 신발은 필요 없어. 늦은 거에 대해서는 용서할게)라고 대답했다. 그러자 메리가 도대체 무슨 엉뚱한 소린지 모르겠다는 표정을 지었다.

앞에서 메리가 말한 put yourself in my shoes는 너도 내 입장이 되어봐라는 뜻이었는데 수희가 잘못 알아들은 거다.

○ SITUATION

A: I just had a big fight with my boyfriend. I saw him talking to another woman!
방금 남자친구랑 크게 싸웠어. 글쎄 나 말고 다른 여자랑 얘기하고 있는 거야.

B: I'm sure she was just someone from work and nothing more.
직장 동료겠지, 그 이상은 아닐 거야.

A: That's exactly what he said, but I think he's cheating on me.
맨날 똑같은 변명을 하더라고, 내가 보기엔 나 몰래 다른 여자 만나는 게 분명해.

B: **Put yourself in his shoes** and you'll be able to understand him better.
너도 그 사람 입장이 되어봐, 그러면 그가 왜 그랬는지 이해할 수 있을 거야.

- bump into ~를 우연히 마주치다   • be in ones' shoes ~의 입장이 되다

뉴델리 갔다올게

뉴욕에 사는 주디네 집 근처에 얼마 전 델리가 하나 생겼다. 혜영은 늦잠을 자느라 미처 점심을 먹지 못하고 주디네 집에 놀러갔다. 3시인데 밥도 못 먹고 왔다는 얘기를 들은 주디는 새로 생긴 델리에 가서 샌드위치를 사다 줄 생각으로 집을 나서며 엉뚱한(?) 얘기를 남겼다.

I am just going to the new deli.

아니, 놀러오라 해놓고 만나자마자 (인도의) 뉴델리를 간다니…? 혜영은 주디의 속셈을 도무지 알 수가 없었다. 그러나 **deli**가 **delicatessen의 줄임말**로 샌드위치 등 **간단한 음식을 파는 식품점**인 줄 미처 모른 혜영이 단단히 오해를 한 거다.

○ SITUATION

A: Where did you get this potato salad and the sandwiches?
어디서 이 감자 샐러드와 샌드위치를 샀니?

B: From a deli just next to my office.
회사 근처 델리에서.

- deli(=a place that sells prepared foods) 미리 조리된 음식을 파는 식품점
- bistro 부담 없이 갈 수 있는 작은 음식점   • food court 여러 음식을 간단히 먹을 수 있는 간이식당, 푸드코트
- brasserie 맥주 등 술도 파는 식당   • pub 술집

24 / 7 ???

twenty-four seven

자영은 오랜만에 한국의 어느 컨설팅 회사에서 일하는 미국인 친구 샐리를 만났다. 샐리는 직장생활이 힘겨울 때마다 자영에게 연락하여 조언도 구하곤 했는데, 이날은 만나자마자 대뜸 하는 소리가 이랬다.

> **I've been working 24/7(twenty-four seven)!**
> **My company is driving me crazy!**

'회사 일이 힘들어서 미치겠다'는 건 짐작하겠는데 '24/7'이라니… 웬 숫자? 샐리의 회사에서만 통용되는 무슨 암호 같은 건가?
영문을 모른 자영은 「Calm down and tell me more about it.」(진정하고 자세히 얘기 좀 해봐)이라고 말했다. 그러고서 샐리의 얘기를 차근차근 들어보니 '회사에 일이 너무 많아 하루 24시간씩 일주일 내내 일했다'고 하는 것이 아닌가!
아하, 바로 그거로군! 자영은 비로소 **24/7**(twenty-four hours a day, seven days a week)는 꼬박 하루 24시간씩 일주일 내내, 다시 말해 눈코 뜰 새도 없이 바쁘게라는 걸 알았다.

○ **SITUATION**

A: **You look so tired. Do you still have more to do?**
너 많이 피곤해 보인다. 아직도 해야 할 일이 남았어?

B: **I've been working 24 / 7 and I'm only half way through.**
밤낮으로 일했는데도 아직 반 밖에 못했어.

A: **Can I give you a hand?**
좀 도와줄까?

B: **That would be great. Thanks.**
그럼 좋지. 고마워.

• give a hand 도와주다   • 24/7 말할 때는 twenty-four seven이라고 한다.

| 이삭 줍기

hand를 사용한 표현

first hand(=directly) 　　　　직접 ::   *cf.* second hand 간접으로 ::
Ted's getting married next month.
I got the story first hand while I was talking to him.
테드가 다음 달에 결혼한대. 테드랑 얘기하다가 직접 들은 거야.

at hand(=near) 　　　　가까이에 ::
With the holiday season at hand, everyone is very excited.
연휴 기간이 다가옴에 따라 모두가 흥분의 도가니에 빠졌다.

by hand 　　　　손으로, 인편으로 ::
The washing machine broke down, so I had to wash my clothes by hand. 　세탁기가 고장나서 옷을 직접 손으로 빨아야 했다.

change hands 　　　　주인이 바뀌다 ::
The restaurant has changed hands. 　레스토랑 주인이 바뀌었다.

caught red-handed 　　　　현장에서 붙잡히다 ::
The burglar was caught red-handed breaking into the house.
그 도둑놈은 가택침입죄로 현장에서 붙잡혔다.

hand in hand 　　　　손을 마주잡고, 협력하여 ::
We need to work hand in hand in order to solve this sticky issue.
이 난제를 해결하기 위해서 우리는 공동의 노력을 펼쳐야 한다.

hands down 　　　　손쉽게 ::
He won the tournament hands down. 　시합에서 쉽게 이겼다.

off hand 　　　　즉석에서 ::
Dave made a speech off hand. 　데이브는 즉석에서 연설을 했다.

매너가 없어서

manners

우리는 "그 사람은 영 매너가 없어서…"라는 말을 자주 하거나 듣는다. 하지만 manner(매너)는 '방법'이란 뜻이지 '예의'라는 뜻은 아니다.

> **Where're your manners?**
> 매너를 잊었니?

예의범절의 올바른 영어 표현은 manner의 복수형인 manners이다. 그러므로 언어학적으로 정확한 표현이 되려면 "매너즈가 없다"고 해야 되지만 그냥 "매너가 없다"는 것으로 통용되고 있다. 영어로 쓸 때는 반드시 복수형인 manners로 써야 옳다.

○ SITUATION

A: How was the guy you went out with last night?
어제 데이트 한 남자는 어땠어?

B: He looked OK, but he had absolutely no manners at all. He burped, talked with his mouth full and spilled food all over himself/everywhere!
생긴 건 괜찮았는데 매너가 영 제로야. 식사 중에 트림을 하질 않나, 먹으면서 말을 하질 않나, 또 여기저기 흘리면서 먹질 않나!

A: Well, you can't have everything, right?
세상에 완벽한 인간이 어디 있니?

- go out with ~와 데이트하다, 사귀다 • burp 트림, 트림하다
- spill (물을) 흘리다, (말에서) 떨어뜨리다
  It is no use crying over **spilt** milk. (속담) 엎지른 물

|이삭 줍기

manner를 사용한 표현

manner
단수로 쓰면 '방법, 방식'의 의미 ::

Her manner of speaking is rather aggressive.
그녀의 말투(말하는 방식)는 다소 공격적이다.

in a manner of speaking
말하자면 ::

He was, in a manner of speaking, representing our team.
그는 말하자면 우리 팀의 대표였다.

in a manner(=in a sense)
어떤 의미에서는 ::

In a manner you are light, but there is more to the matter than that.
어떤 의미에서는 네가 옳지만 그것이 전부는 아니다.

by all manner of means
어떻게 해서든지 ::

She arrived on time by all manner of means.
그녀는 어떻게 해서든지 제 시간에 도착했다.

문득 생각나는 표현 하나

Mind your P's and Q's.
언행 하나 하나에 조심하라. ::

John, mind your p's and q's if you want to be invited to Mary's party.
존, 메리네 파티에 초대받고 싶으면 언행에 조심하거라.

I've a previous engagement.

이미 약혼을 했다고?

성적이 바닥을 치는 영미는 영어회화 선생님인 블리스와 면담까지 해야 했다. 그런데 놀다가 그만 면담 약속 시간을 잊고 하루 늦게 블리스를 찾아갔다. 블리스는 약속된 시간을 놓치고 뒤늦게 불쑥 찾아온 영미에게 이렇게 말했다.

> Sorry, I can't go with you now. **I've a previous engagement**.

'아니 그럴 수가, 선생님이 아직 총각인 줄 알고 속으로 혼자 좋아했는데… 이미 약혼을 하셨다니….' 블리스의 얘기를 "이미 약혼한 몸이니 관심 꺼라"는 말로 알아들은 영미는 괜히 무안해져서 그 자리를 박차고 나와 버렸다. 물론 나중에 자신의 영어가 짧아 선생님의 말을 오해했다는 사실을 알고는 배꼽을 잡고 웃었다. 무엇이 잘못되었을까? **I've a previous engagement**는 선약이 있어요라는 뜻이다. "과거에 약혼한 적이 있어요"라는 표현은 「I was once engaged.」이다.

○ SITUATION

A: Do you have any plans for the weekend? I was wondering if we could go and have a cup of coffee or something.
이번 주말에 계획 있니? 아니면 같이 커피라도 마실까 해서.

B: I'm sorry but **I have a previous engagement** this weekend.
미안하지만 이미 선약이 있는걸.

A: Oh, OK. Then I'll see you around…
어 그래. 그럼 나중에 보지 뭐.

B: No wait, I'm free on Thursday if it's OK with you.
잠깐만, 너만 좋다면 목요일은 괜찮은데.

break the ice

얼음 깨러 가자고?

대학을 다니다 휴학하고 카투사로 군복무를 하게 된 승철이 미국인 조지와 방을 함께 쓰게 되면서 생긴 일이다. 난생 처음 서양 사람과 한방을 쓰게 된 승철이 대충 자기 소개를 했는데 룸메이트인 조지가 알아듣는 듯해서 기분이 좋았다.
며칠 후 조지가 저녁을 먹고 들어오더니 이렇게 말하면서 승철의 반응을 살폈다.

> **Why don't we have a drink to break the ice?**

밤에 술 마시는 것까지는 좋은데, 이 한여름에 어디서 얼음을 깨자는 걸까? 무슨 얘긴지 갈피를 못잡은 승철은 「OK, but why don't we do it in winter?」(좋은데, 겨울에 하는 게 어떻겠니?) 하고 임기응변으로 둘러댔다.

그러나 승철은 **break the ice**가 **터놓고 지내다**라는 뜻인 줄 몰랐던 거다. 조지는 처음 만나 서먹한 분위기를 바꿔보려고 승철에게 "우리 술이나 한잔하면서 좀 친해보자"고 한 거였다. '얼음을 깨는' 것은 「Please break up these ice cubes and put some in my glass.」(큰 얼음을 잘게 깨서 잔에 넣어 주세요)에서 보듯이 'break up this ice'이다.

● SITUATION

A: **Why did you make a fool of yourself? You shouldn't have tried to sing in front all those people.**
왜 그런 바보 같은 짓을 했어? 사람들 앞에서 노래를 부를 것까지야 없었잖아.

B: **I simply wanted to break the ice.**
난 단지 분위기 좀 띄워보려고.

A: **Now everyone thinks you are retarded.**
이제 다들 네가 좀 모자란다고 생각하잖아.

• **KATUSA** 카투사(Korean Augmentation Troops to the United States Army)

다리 사이에 낀 꼬리?

친한 친구 제니가 이른 아침부터 전화를 걸어 대뜸 한다는 소리가 「You're not going to believe what happened to me yesterday!」(어제 내게 무슨 일이 있었는지 넌 상상도 못할 거야)라고 한다.

얘기인 즉, 어제 밤늦게 남자친구 마이크와 집으로 돌아오는데 동네 불량배 세 녀석이 시비를 걸어왔다. 제니는 당연히 마이크가 불량배들과 맞서 용감하게 싸우겠거니 믿었는데, 기대가 허무하게 무너졌다. 제니는 마이크를 세상에 다시없는 겁쟁이라고 비난하면서 그 모습을 이렇게 말하는 게 아닌가?

I've never seen such a coward. He ran away with his tail between his legs.

뭐, 마이크가 겁쟁이라 꼬리를 다리 사이에 끼고 달아나려 했다고? 강아지도 아닌데 웬 꼬리? 아하, 겁먹은 강아지가 꼬리를 내리고 도망가듯이 마이크도 잔뜩 겁을 집어먹은 모습으로 도망쳤다는 거구나.

○ SITUATION

A: Did you see the fight between Jack and Peter?
잭이랑 피터 싸우는 거 봤어?

B: Calm down. It wasn't even a fight.
진정해. 싸움도 아니었어.

A: What? They didn't fight? But I saw them go outside cursing each other.
뭐라고? 싸우지 않았다고? 내가 분명히 그 둘이 서로 욕하면서 밖으로 나가는 거 봤는데.

B: But when Jack grabbed Peter by his collar, he did nothing. He sneaked away with his tail between his legs.
그런데 잭이 피터 멱살을 잡으니깐 피터가 꼬리를 내리고 슬금슬금 도망가던데.

A: What a coward!
순 겁쟁이구나.

Scene 017 — make a killing

어젯밤 살인을 했다고?

어느 날 아침 모처럼 존과 재훈이 만나 차를 마시고 있는데, 존이 기분좋은 표정을 지으며 이런 말을 했다.

> **I made a killing last night.**

뭐, 살인…? 자신의 귀를 의심한 재훈은 「What did you say?」(너 지금 뭐라고 했니?)라고 존에게 되물었다. 유학 생활이 힘들다며 카지노를 출입하는 것은 알았지만 존이 결국은 살인까지 저지르다니… 그래도 지금껏 터놓고 지내온 친구인데… 재훈은 가슴이 아팠다. 그러자 존이 오히려 재훈의 과민반응에 어리둥절해하며 「What's wrong with that?」(그게 뭐가 어때서?)이라고 반문한다. 재훈은 **make a killing**이 한몫 잡다란 뜻이라는 걸 미처 모르고 지레 놀라서 오버한 거다.

존은 재훈에게 "나는 어젯밤에 떼돈을 벌었다"고 자랑한 것이고, "나는 어젯밤에 사람을 죽였다"는 표현은 「I killed somebody last night.」이라고 한다.

○ SITUATION

A: How was your trip to Las Vegas?
  라스베이거스 여행은 어땠어?

B: Great! The hotel was nice, the food was great but best of all, I **made a killing** at the slot machines.
  아주 좋았어. 호텔도 음식도 좋았는데 무엇보다 슬롯머신으로 한몫 잡았지.

A: Wonderful! Exactly how much did you win?
  근사하다! 근데 정확히 얼마 벌었어?

B: Enough to pay for my round trip to Vegas.
  라스베이거스 왕복 여행 경비는 빠질 정도.

the time of day

뭘 몰라도 너무 몰라!

미재는 순진하다는 말을 자주 듣는 편이다. 유학할 당시에도 미국인 친구들에게서 비슷한 소리를 듣곤 했다. 가끔은 너무 순진해서 세상 물정을 너무 모른다는 핀잔도 들었다. 하루는 친구 베티와 함께 뉴욕 시 구경을 갔다가 뉴욕에도 거지가 엄청나게 많다는 사실에 놀라 그 이유를 베티에게 물었다. 그러자 베티는 다음과 같이 대답했다.

> **You don't know the time of day.**

미재는 자기가 왜 '시간을 모른다'는 것인지 이해가 되지 않아 「No, my watch is working well.」이라며 자기 시계가 고장나지 않았다고 강변했다. 미재의 반응에 베티는 당연히 황당해할 밖에… 미재는 the time of day가 세상물정이라는 뜻인 걸 미처 몰랐던 거다. "너는 지금이 몇 시인지도 모르는구나"의 표현은 「You don't know what time it is.」라고 한다.

○ SITUATION

A: Did you know that Julia Roberts earned 5 million dollars for the movie?
줄리아 로버츠가 그 영화 출연 대가로 500만 달러 받은 거 알아?

B: No way! That's more than what I'll make in my whole lifetime!
말도 안돼! 내가 평생 만져보지도 못할 액수잖아!

A: You definitely don't know the time of day. That's nothing compared to other popular Hollywood stars.
넌 정말 세상물정을 몰라도 너무 몰라. 다른 유명 할리우드 배우에 비하면 이건 아무것도 아니야.

time을 사용한 표현

to kill time   시간을 보내다 ::

They killed time reading sports magazines.
그들은 스포츠 잡지를 읽으며 시간을 보냈다.

○ SITUATION

A: We're almost an hour early. What should we do to kill time?
거의 한 시간이나 일찍 왔는데 뭘 하면서 시간 보낼래?

B: There is a fancy coffee shop next door.
바로 옆에 근사한 커피숍이 있는데.

A: Great! We can pass the time over a cup of coffee.
좋은 생각인데! 커피나 마시러 가자.

take one's time   서두르지 않고 하다, 천천히 하다 ::

It's better to take your time when having interviews than to hurry.
면접이 있을 때는 천천히 하는 것이 서두르는 것보다 낫다.

○ SITUATION

A: I'm almost done! I just need to put on my shoes!
다 됐어! 신발만 신으면 돼!

B: Take your time. We still have five more minutes.
천천히 해. 아직 5분 정도 여유 있어.

A: Now I'm done. Let's go!
다 했다. 자 가자!

Time out

영어랑 잠깐 놀다가기

 What helps to keep your teeth together?
이가 붙어있게 해주는 것은?

 Toothpaste
치약

Toothpaste는 치약인데 여기서 tooth는 치아(복수형은 teeth)고 paste는 붙이는 풀이다. 즉 toothpaste를 직역하면 '치아 접착제'다.

Toothpaste is the substance you use when you brush your teeth. **Paste** also refers to glue, which makes things stick together.

toothpaste는 이를 닦을 때 사용되는 물건이다. paste는 접착제를 말하는데, 물건을 서로 붙게 만든다.

The devil finds work for idle hands to do.
놀고 있는 손에는 악마가 할 일을 준다.

SITUATION

A: You have three cavities.
충치가 세 개나 있네요.

B: I can't believe it. I brush my teeth twice a day and use a good toothpaste.
믿어지지가 않네요. 하루에 두 번씩 닦고 좋은 치약을 쓰고 있는데요.

- dentist 치과의사
- dental floss 치실
- cavity 충치
- milk tooth 젖니
- wisdom tooth 사랑니

• 출전 : Collis, H., *101 American English Riddles*, Passport Books, NTC, 1996.

keep your shirt on
옷을 벗을 줄 알고?

기숙사 룸메이트인 브라이언이 밤새 인터넷을 한답시고 불을 켜 놓은 통에 잠을 못 잔 진수는 마이클을 보자마자 흥분한 어조로 밤새 한잠도 못 잔 얘기를 하자 마이클이 다음과 같이 말했다.

> **Keep your shirt on and tell me what happened exactly.**

뭐라고? 셔츠를 계속 입고 있으라니…? 그럼, 내가 이만한 일로 대낮에 대로에서 옷을 벗고 해댈 줄 알았다는 거야 뭐야? 마이클의 비꼬는 듯한 대꾸로 더 흥분한 진수는 얘기를 하다 말고 자기 방으로 돌아와 사전을 뒤적여 보았다. 아뿔싸! 진수는 **keep your shirt on**이 **진정하라**는 의미인 걸 그때서야 안 것이다. "셔츠를 벗지 마라"는 표현은 「Don't take your shirt off.」였던 것이다.

○ SITUATION

A: **I have to work whenever my boss asks, even on weekends.**
나는 상사가 하라는 것은 언제든 다 해야 한다고, 심지어 주말에조차도.

B: **Keep your shirt on. Remember, I was against your taking that job?**
진정해. 그일 한다고 했을 때 내가 반대했던 것 기억 나?

A: **Of course, I do.**
물론 기억나지.

- keep your pants on(=keep your shirt on) 진정해
- lose one's shirt(=lose a great deal of money) 돈을 많이 잃다

How did he strike you?

때리긴 왜 때려?

마침내 경애도 남들 다하는 소개팅을 하게 되었다. 미국에서 프로젝트 매니저로 나온 해리와는 그냥 알고 지내는 사이인데, 해리는 경애가 소개팅을 했다는 것을 알고는 이렇게 물었다.

How did he strike you?

순간 당황한 경애. 아니, 나와 미팅을 한 사람이 나를 때리긴 왜 때려? 해리의 질문에 의아해진 경애는 「He didn't strike me at all.」(경애는 "전혀 안 때렸어"라는 뜻으로 말한 것이지만 사실은 "끌릴 만한 구석이라곤 조금도 없었어"라는 의미)이라고 대답했다. 그러자 경애를 은근히 좋아하고 있던 해리는 안심이라는 표정으로 경애를 물끄러미 바라보았다.
경애는 그때까지도 How did he strike you?가 그 사람 어땠어?라는 뜻인 줄 까맣게 모르고 있었다.
경애가 오해한 "그 남자가 너를 어떻게 때렸니?"라는 표현은 「How did he beat you?」이다.

○ **SITUATION**

A: How was the blind date last night?
어제 소개팅은 어땠어?

B: You don't want to know. He was a total loser.
묻지도 마. 완전 인생 패자였어.

A: He didn't **strike you at all**? He looked OK in the picture.
전혀 안 끌리든? 사진으로 봐선 괜찮던데.

B: I don't even want to talk about last night.
어제 얘기는 하기도 싫어.

• blind date 소개팅 • loser 인생 패자

There you go!

어디로 가냐고?

궁금한 게 있어 물어보면 늘 친절하게 대답해주는 로버트를 만난 호준은 그날도 "이 부분이 잘 이해가 안 되는데, 혹시 이런 뜻이 아니냐"고 반신반의하며 물었다. 그러자 로버트는 호준이 말하는 대목대목마다 다음과 같이 엉뚱한(?) 말을 연발하는 게 아닌가.

There you go.

뭐라는 거야? 나더러 어디로 가냐고? 감을 잡지 못한 호준이 「Are you asking me where I am heading for?」(내가 지금 어디로 가고 있는지 묻는 거야?)라고 묻자 로버트는 배꼽을 잡고 웃었다. 호준은 **There you go**가 그래, 네 말이 맞아라는 뜻인 줄 미처 몰랐던 거다.
참고로, "너 지금 그 쪽으로 가는구나"라는 표현은 「You are going that way.」이다.

○ SITUATION

A: Mom! Help me with this math problem. I just can't figure it out.
엄마! 이 수학문제 좀 도와주세요. 이해가 안 돼요.

B: Let me see that. Ah, you forgot to multiply here.
어디 볼까? 아, 여기 곱셈하는 것을 빼먹었구나.

A: You mean here?
여기요?

B: **There you go!**
그래!

Scene 022

be a shoe-in

신발을 신고 있으라고?

오후 3시로 예정된 사장실 발표가 나길 초조하게 기다리고 있는 승식. 마침 폴이 지나가다 승식을 보고 걱정하지 말라며, 다음과 같이 말했다.

I'd say you're a shoe-in.

아니 "신발을 신고 있으라니?" 아무리 마음이 불안, 초조, 긴장한 상태라도 설마 신발을 벗고 있으랴…? 「I'm still wearing my shoes.」(아니 나 신발 아직 신고 있는데.)라고 승식이 대답하자 폴이 의아한 표정을 짓는다. 물론 승식은 **be a shoe-in**이 **적임이다**라는 뜻인 걸 미처 몰랐던 것이다.

◉ SITUATION

A: I'm quite nervous. I can't wait for the results.
발표를 기다리려니 초조해.

B: Don't worry, Bill. I'd say you're a shoe-in for that position.
걱정 마, 빌. 그 자리에는 네가 적임자야.

A: Flattery will get you everywhere!
웬 아부니!

A: I'm serious.
진심이야.

- **Flattery** will get you everywhere. 아부를 잘하니 뭐가 되도 되겠구나.
- **Flattery** will get you nowhere. 아부를 한다고 되는 게 아니야.

Scene 023

That's a steal.

훔쳤다고?

유학중 공부한답시고 쇼핑도 한번 제대로 못해본 현수는 마침 유명 브랜드 세일을 한다기에 마음먹고 사러 갔다. 원래 80달러 하던 청바지를 30달러에 산 현수는 기분이 좋아서 캐롤린에게 자랑했다. 그러자 캐롤린이 대뜸 현수를 도둑 취급하는 게 아닌가.

That's a steal.

뭐, 내가 도둑질을 했다고? 내가 아무리 경제적으로 궁핍한 유학생이지만, 지금까지 남의 물건에 손 한번 대본 적이 없는데 도둑 취급하다니….
인격을 모독하는 말을 듣고 화가 잔뜩 난 현수는 내뱉듯이 이렇게 말했다. 「No, I didn't steal it. I bought it.」(아니야, 훔치지 않았어. 돈 주고 샀어.) 그러자 캐롤린은 무슨 소리냐는 듯 고개를 갸우뚱거렸다. 현수는 That's a steal이 정말 싸게 샀다는 뜻인 줄 몰랐던 거다. 참고로, 너 그거 훔쳤니?라는 표현은 Did you steal it?이다.

○ SITUATION

A: Where did you get this gorgeous necklace?
이 이쁜 목걸이 어디서 샀어?

B: At JC Penny. You're not going to believe how much I paid for it.
JC Penny 에서. 내가 얼마 줬는지 상상도 못할걸.

A: Well, try me.
어디 말해봐.

B: $9.99! It was on clearance sale!
$9.99! 재고 정리 세일을 하더라구!

A: No way! That's a real steal!
말도 안돼! 거저 주웠네!

• **clearance sale** 재고 정리 세일 • **burglar** 빈집에 들어가 물건을 훔치는 좀도둑
• **robber** 흉기로 사람을 위협하고 물건을 훔치는 강도 • **thief** burglar와 robber를 모두 지칭. 비유적인 표현

get cold feet

발이 차가워져서 말이 안 나와?

수업 시간에 중요한 프리젠테이션이 있다면서 아침부터 난리법석을 떨었던 케이티, 그런데 오후에 만났을 때 기분이 우울해 보였다. 소연은 '기대했던 만큼 잘하지 못했나보다…'라고 생각하고 위로하는데 케이티는 엉뚱한 말을 하는 게 아닌가….

> The moment I stood in front of the class, I **got cold feet**, and I couldn't think of anything to say!

뭐? 급우들 앞에 서니 발이 차가워져서 말이 안 나왔다고? 아니 겨울도 아닌 한여름에 갑자기 발이 왜 차가워졌을까? 케이티가 이상한 병이라도 앓고 있는 것은 아닌가?
소연은 나중에 cold feet는 발이 차가워지는 병이 아니라 너무 떨려서 발이 얼어 꼼짝 못하듯 아무것도 할 수 없는 상태라는 것을 알고는 한숨 놓았다.

○ **SITUATION**

A: What are you doing, Katy?
케이티 지금 뭐하니?

B: I'm preparing a speech for my public speaking class.
웅변 수업시간에 발표할 스피치를 준비중이야.

A: I didn't realize you were taking that class!
너 그 수업 수강하는지 지금까지 몰랐어.

B: I didn't have any choice. I get cold feet whenever I have to speak in public.
선택의 여지가 없었어. 사람들 앞에만 서면 너무 떨려서 완전히 얼어 버리거든.

A: Is the class helping you much?
수업이 많이 도움이 되니?

B: I think so. I feel a lot more comfortable in front of people now.
도움이 된 것 같아. 이제 사람들 앞에 나서는 게 조금은 편안해졌어.

- **public speaking** 공개 석상에서 말하는 화술

are getting warmer

조금씩 더워진다고?

영어회화 시간에 시어 교수님이 까다로운 퀴즈를 냈다. 여러 학생이 제각각 대답할 때마다 고개를 가로젓던 교수님은 혜원이가 대답했을 때 이렇게 말씀하셨다.

You're getting warmer.

순간 혜원은, 무슨 말이야? 이 한겨울에 히터마저 시원찮아 손발은 물론 무릎까지 다 시린데. 따뜻해진다니… 우리가 열(?) 받을 거란 얘긴가? 혜원은 are getting warmer가 정답에 가까워지고 있다는 뜻인 줄 나중에 알고서야 고개를 끄덕였다(「getting warmer」는 상황에 따라 "따뜻해지고 있다"는 뜻으로도 쓰인다).
반대로 정답에서 멀어지고 있다는 are getting colder로 표현한다.

◯ SITUATION

A: This country has the largest population in the world.
이 나라는 세계에서 가장 인구가 많은 나라야.

B: Is it the United States? Is it Russia? Is it Japan?
미국이야? 러시아? 아니면 일본?

A: Nope. But you are getting warmer. This country is in Asia.
아니. 그렇지만 정답에 가까워지고 있어. 이 나라는 아시아에 있어.

B: China! Oh I could have gotten it quicker….
중국! 더 빨리 맞힐 수도 있었는데….

Wake up and smell the coffee!

일어나서 커피 냄새를 맡으라니?

졸업 시험이 임박했다. 다이애나랑 정현은 정신없이 시험공부에 열중하고 있는데 제니퍼는 태평스럽게 주말 여행 계획을 세우느라 바빴다. 아무래도 그냥 내버려두면 혼자만 시험에 떨어질 것 같아 다이애나가 「Don't you think you should study rather than go on a trip?」(여행보다 공부 좀 해야 한다고 생각하지 않아?)라고 했더니 「It's OK. I'll do it when I come back.」(괜찮아. 돌아와서 하지 뭐.)라고 대꾸했다. 그러자 다이애나가 제니퍼에게 아리송한 멘트를 던졌다.

Wake up and smell the coffee!

일어나서 커피 냄새를 맡으라고? 가기 전에 커피라도 한 잔 마시고 가라는 건가? 하지만 아무리 주위를 둘러봐도 커피는 없었다. 무슨 얘길까? 나중에 다이애나에게 물어보니 **wake up and smell the coffee**는 정신차리라는 뜻이란다. 우리 속담에서는 "냉수 마시고 정신차려라"고 하는데 미국에서는 "커피 냄새 맡고 정신차려라"고 하는구나! 그 밖에도 "정신차려!"는 **Open your eyes and look around!**(눈뜨고 밖을 쳐다봐), **Get out and see the world!**(나가서 세상 돌아가는 것 좀 봐) 등으로 표현된다.

○ SITUATION

A: I want to marry someone like Richard Gere. He's so handsome.
난 '리처드 기어' 같은 사람이랑 결혼할 거야. 너무 잘생겼어.

B: Do you think that's possible?
그게 말이 된다고 생각해?

A: Why not? I'm going to wait until my Prince Charming comes along.
왜 말이 안돼? 난 내가 꿈꾸던 왕자님이 오실 때까지 기다릴 거야.

B: No wonder you're still single. **Wake up and smell the coffee!**
그러니깐 아직도 혼자지. 정신차려!

Scene 027   I'll keep my fingers crossed for you.

→ 손가락에 십자가를 그리겠다니?

유학 마지막 학기라 지만은 최선을 다해 시험 준비에 임했다. 그동안 사귄 미국인 친구들도 지만에게 찾아와 "모르는 것이 있으면 언제든 말하라"면서 도와주었다. 그런데 토니라는 친구가 가운뎃손가락을 집게손가락에 교차시켜 들어보이면서 이렇게 말했다.

I'll keep my fingers crossed for you.

자기 손가락에 십자가를 그려 놓겠다니? 무슨 말인지 이해가 잘 안됐지만 지만은 「Thank you, but you don't have to do that.」(고맙지만, 그렇게 하지 않아도 돼.) 하고 얼버무렸다. 토니는 어리둥절한 표정을 지으며 돌아가 버렸다. 뭔가 의사소통이 잘못되었음을 직감한 지만이 다른 친구에게 물어보았다. **I'll keep my fingers crossed for you**가 **잘 되기를 빈다**(불행한 일로부터 보호한다)라는 뜻이라고! 지만은 본의아니게 토니를 무안하게 만든 것이다.

○ SITUATION

A: **Anne, you look wonderful today. What's the occasion?**
앤, 오늘 멋있어 보이는데 무슨 일이 있니?

B: **I'm on my way to an interview for a new job. Keep your fingers crossed for me.**
오늘 새 직장 인터뷰가 있어 가는 길이야. 잘되기를 빌어줘.

A: **I bet you'll get it. Please let me know how things turn out.**
잘 될 거야. 결과 어떻게 됐는지 알려줘.

- What's the occasion? 무슨 일이야?
- be on one's way to ~ 에 가는 길이다.
- turn out 결과가 ~ 되다

Break a leg!

다리를 부러뜨리라고?

유학 생활을 총정리하는 졸업 발표회 당일 아침, 간단한 아침 식사를 마치고 나서는 정연을 보자 앤디는 반갑게 인사하며 한마디를 건넸다.

Break a leg!

순간 정연의 얼굴이 벌개졌다. 지금 다리가 여럿이라도 모자랄 판인데, 다리 하나를 부러 뜨리라고? 평소에 그토록 친하게 지내온 앤디가 그런 악담을 하다니! 그러나 곧 **Break a leg**가 공연이나 발표회 등을 앞둔 친구에게 하는 **행운을 빈다**라는 덕담이라는 걸 알고 멋쩍게 웃었다.

그런데 왜 행운을 비는 덕담이 그 모양일까? 서양에서는, 무대에 오르는 배우에게 행운을 빌면("Good luck!") 안 좋은 일이 일어난다고 생각했으며, 거꾸로 이처럼 안 좋은 일을 바라면("Break a leg!") 오히려 행운이 온다고 믿었다.

○ SITUATION 1

A: I'm in a hurry because I have to make a presentation in one hour.
지금 바빠. 한 시간 후에 발표를 해야 돼.

B: **Break a leg.**
행운을 빌어.

○ SITUATION 2

A: I've never had such a big part in a play before. Wish me luck.
전에는 이렇게 큰 역을 맡은 적이 없어. 잘하라고 해줘.

A: Go out there and **break a leg!**
나가서 잘해!

Shake a leg!

바빠 죽겠는데 다리를 흔들라고?

아침 잠이 많은 현식과 기철은 오늘도 늦게 일어나 쩔쩔매고 있는데 기다리다 못한 크리스가 집으로 찾아와서 한다는 소리가 아리송했다.

Shake a leg!

평소 다리를 좀 떠는 습관이 있기로서니, 시간에 쫓겨 아침도 못 먹고 허둥대는데 다리를 떨라니 이게 무슨 소린가? 현식이 웬 말이냐며 크리스에게 핀잔을 주자 유학 선배인 기철이 **Shake a leg**는 **서둘러라**는 뜻이라고 알려주었다. 흔히 사용하는 **Hurry up!**과 같은 표현이다.

○ SITUATION 1

A: Hyunsik, shake a leg. We have to be at school in twenty minutes.
현식아 서둘러. 학교에 20분 안에 가야해.

B: Just a minute. I just have to pack my school bag.
잠깐만. 책가방만 싸면 돼.

○ SITUATION 2

A: What time does the store close?
몇 시에 상점 닫니?

B: In fifteen minutes.
15분 후에.

A: Let's shake a leg then.
그러면 서두르자.

shake와 비슷한 뜻을 가진 표현의 뉘앙스 차이

shake
'떨리다'는 뜻으로 일반적으로 가장 많이 쓰이는 표현.

The trees are shaking in the wind. 강풍으로 나무들이 흔들린다.

tremble
추위, 공포, 흥분 등으로 몸이 계속 가늘게 떨리다.

tremble with cold 추워서 몸을 덜덜 떨다

quake
크게 tremble하다

quake with great terror 테러로 부들부들 떨다

shiver
추위로 떨다, 기대·예감 등으로 떨다

shiver in the snow 눈 속에서 덜덜 떨다

vibrate
가늘게 일정한 리듬으로 진동하다

vibrating string 진동하는 줄

give a person the shakes
겁을 주다

That weird guy gives me the shakes.
그 이상한 사람이 내게 겁을 주었다.

give a person a shake(=escape)
도망가다

The fugitive managed to give the police a shake.
도망자는 경찰로부터 간신히 도망쳤다.

to pull one's leg

다리를 잡아당긴 적 없는데…

민영은 '영어 실력은 나의 경쟁력'이라 굳게 믿고 있던 터라 영어회화 클럽에 가입하여 미국인 친구 케이트와 정기적으로 만나 열심히 영어를 배우는 중이었다. 하루는 편한 소파가 있는 카페에 앉아 우스갯소리를 하는데, 케이트가 느닷없이 민망한(?) 말을 하는 게 아닌가.

> You're **pulling my leg**, Minyoung.

테이블 밑으로 손을 넣은 적도 없는데… 케이트는 왜 나더러 자기 다리를 잡아끌고 있다고 하여 여러 사람의 오해를 사게 하는지?
당황한 민영은 「Wait a second.」(잠깐만!)이라고 시간을 벌어 놓은 후 사전을 뒤져보았다. 민영은 **to pull one's leg**가 ~를 놀리다라는 뜻인 줄 미처 몰랐던 거다.

○ SITUATION

A: Jerry, a really pretty girl told me to give you this.
제리, 한 예쁜 여자아이가 이거 네게 전해주라는데.

B: What is it? A letter?
뭐야? 편지?

A: I think it's a love letter. What does it say?
연애편지인 것 같은데? 뭐라 썼어?

B: I see what's going on. This is your handwriting! You're **pulling my leg** aren't you?
무슨 일인지 알겠다. 이거 네 필체잖아! 너 지금 나 놀리고 있었지?

Scene 031 — ask for the moon

하늘에서 달(?) 따기

철민은 지난달 카드 사용 내역을 받아들고 놀라지 않을 수 없었다. '평소보다 좀 많이 나오겠지' 하고 짐작은 했지만 550달러라니? 그렇다고 한국에 계시는 부모님께 손을 벌릴 수도 없는 노릇이고… 생각다 못해 룸메이트 해리에게 「Harry, can you do me a favor?」(해리, 나 부탁 하나만 들어줄 수 있겠니?)라고 도움을 청했다. 그러자 해리는 다음과 같이 말하고 빙긋이 웃는 게 아닌가.

> **Sure. As long as you don't ask for the moon.**

웬 뜬금없는 달? 그때 문득 머리를 스치는 생각, '하늘의 별 따기. 아하! 미국에서는 하늘의 달 따기라고 하는구나.' 곰곰이 생각해보니 **ask for the moon**은 하늘의 별 따기처럼 **불가능한 일을 해달라는 요구**였던 것이다. 결국 철민은 해리의 도움으로 카드 빚도 갚고 재미있는 표현도 익힐 수 있었다.

◯ **SITUATION**

A: Did you decide which university you want to go to?
가고 싶은 대학은 결정했니?

B: Personally, I don't really care. But my parents want me to go to Harvard.
개인적으로 아무 상관 안해. 하지만 우리 부모님은 내가 하버드에 가길 바라서.

A: Harvard?
하버드?

B: Yes. My parents are **asking for the moon**. With my SAT score, I doubt I'll make it.
그래. 우리 부모님은 하늘의 별 따기를 바라서. 하지만 내 수능시험 성적으로는 어림도 없어.

- SAT : Scholastic Aptitude Test
우리 나라의 수능시험과 같은 것으로 미국 고등학생들이 치르는 시험이며 대학 입학시 성적에 반영된다.

happy event

행복한(?) 행사라니…

결혼 후 영국으로 유학온 수진은 임신까지 하게 돼 상당히 힘들었다. 하루는 오후쯤에 옆집 아주머니 앤이 놀러왔다. 차를 마시며 이 얘기 저 얘기 끝에 앤이 수진에게 물었다.

Will you go back to Korea for the happy event?

수진은 한국으로 돌아가겠느냐고 한 부분은 잘 이해했지만, '행복한 행사'가 무슨 뜻인지 짐작할 수 없었다. '월드컵이 끝난 게 언젠데 도대체 무슨 말인가?' 하고 생각하며 되물어 보았다. 앤은 한국에 돌아가서 출산을 하겠느냐는 뜻으로 물었다고 했다. **happy event**란 **출산** 또는 **결혼**을 의미한다는 것이었다.

Will you go back to Korea for the happy event?

(불특정한) 좋은 행사를 위해 한국으로 돌아갈 거니?
(출산을 앞둔 사람에게) 한국으로 돌아가서 애 낳을 거예요?
(결혼을 앞둔 사람에게) 한국으로 돌아가서 결혼식 할 거예요?

○ SITUATION

A: So, did you decide the date for the happy event?
행사 일정은 정했나요?

B: You mean the wedding? Yes. April 29th. That's when Jack and I first met.
결혼식 말씀이세요? 네 4월 29일이에요. 그 날이 잭과 처음 만난 날이에요.

A: That's great. I'll be there.
좋네요. 꼭 참석할게요.

call someone names

이름 부르는 것 갖고 싸우다니?

따사로운 봄날 기향은 아기를 데리고 동네 공원으로 산책을 나갔는데 건너편 벤치에서 젊은 엄마 둘이 언쟁을 벌이는 모습이 보였다. 미국에 온 지 얼마 안 된 탓도 있지만 미국 사람들이 공공 장소에서 싸우는 모습을 처음 본 기향은 맞은편에 앉아 귀를 기울였다. 한 엄마가 상대 엄마에게 이렇게 소리치는 거였다.

Your son keeps calling my son names.

아니, 자기 아들 이름 부르는 것 갖고도 싸우나? 기향이에게는 별 것 아닌 것 같지만 이 두 엄마가 다투는 데는 분명 이유가 있을 텐데…. 고개를 갸우뚱거리며 집으로 돌아와 사전을 찾아보니 **call someone names**는 ~에게 욕을 하다라는 뜻이었다. 그러니까 "댁의 아들이 우리 아들한테 계속 욕을 한다"고 소리친 거였다.
참고로 ~의 이름을 부르다는 **call one's name**으로 표현한다.

O **SITUATION**

A: I don't want to go to school tomorrow.
저 내일 학교 가기 싫어요.

B: What's wrong honey? Did something happen at school?
애야 왜 그러니? 학교에서 무슨 일이라도 있었니?

A: There's this big guy in my class and he keeps teasing me. He even **called me names** today.
같은 반 덩치 큰 아이가 자꾸 괴롭혀요. 오늘은 저한테 욕까지 했어요.

B: Really? I am going to have to meet your teacher tomorrow.
정말이니? 내일 네 선생님을 좀 만나 봐야겠다.

sleep like a log

내가 통나무 같다고?

정현은 미국에 교환학생으로 와서 처음 치르는 중간고사 때문에 신경이 곤두서 있었다. 다행히 일주일 간의 중간고사는 모두 끝나고 시험도 그런대로 잘본 것 같았다. 그런데 갑자기 긴장이 풀어져서인가? 몸에 기운이 하나도 없고 입맛도 없고 오직 잠만 자고 싶었다. 몇 시간을 잤을까? 깨어보니 룸메이트 카렌이 신기하다는 눈빛으로 정현을 쳐다보며 아픈 데를 건드리는 게 아닌가?

You slept like a log. I can't believe it!

내 자는 모습이 통나무 같았다고? 아무리 살이 좀 쪘기로서니 통나무라니? 그래도 내 몸무게가 너보다는 덜 나갈걸… 생각하며 혼자 씩씩거리는데 카렌이 「The phone was ringing off the hook but you were so sound asleep.」(전화벨이 계속 울리는데도 잘만 자더라!)라고 말했다. 그때서야 정현은 sleep like a log가 깊이 잠드는 것을 뜻하는 표현임을 알아차렸다.

○ SITUATION

A: I couldn't sleep at all last night because of the fire engines.
어젯밤 소방차 소리로 잠 한 숨 못 잤어.

B: Fire engines? Was there a fire?
소방차라고? 어디 불났어?

A: You didn't know? The building at the end of the street caught fire.
몰랐니? 길모퉁이 빌딩에 불났었는데.

B: I didn't hear anything. I usually sleep like a log. Nothing can wake me up.
나는 아무것도 못 들었어. 나 한번 자면 아주 깊게 잠들거든. 절대로 안 깨.

• station 방송국   • cool music 좋은 음악   • sit back 편안히 앉다

die in one's arms

내 손에 맞아죽을래?

미경은 미국계 외국인 회사에 3년째 근무하고 있다. 사람 사귀기를 좋아하고, 특히 외국인들과도 스스럼없이 지내는 탓에 사내에서 인기가 높다. 성격이 까다롭지 않은 미경이지만 브라이언이라는 미국 남자는 정말 참을 수 없었다. 동갑내기인 브라이언은 퇴근 무렵이면 "술 한잔 하자"며 매일 치근대는 게 아닌가. 더 이상 참다못해 폭발한 미경이 "너, 내 손에 한번 죽어볼래?" 하고 강력한 경고 메시지를 날렸다.

Do you want to die in my arms?

아니 그런데 이 말에 당연히 기가 죽어야 할 브라이언이 더욱 음흉한 미소를 지으며 「Sure, my pleasure.」(그렇게만 된다면 더없이 기쁘지.)라고 대꾸하는 게 아닌가. 미경은 이 남자가 완전히 제정신을 잃었다고 생각했다. 그러나 나중에 자기가 한 말의 진짜 의미를 알게 된 미경은 브라이언만 보면 얼굴이 화끈거렸다. **die in one's arms**는 황홀한 사랑을 나누다라는 의미였던 것이다. 미경이 정작 표현하고 싶었던 "너, 내 손에 한번 죽어 볼래?"는 「Stop it NOW, or else….」라고 해야 한다.

○ SITUATION

A: I love you so much that I want to **die in your arms**.
전 당신을 너무도 사랑해 당신과 황홀한 밤을 보내고 싶어요.

B: Stop it! Or else I'll report you for sexual harrassment!
그만 해요! 안 그러면 당장 성희롱으로 신고할 거예요.

A: Ok, Ok, I was just kidding. Calm down.
알았어요. 그냥 농담한 거예요. 이제 진정하세요.

• sexual harrassment 성희롱

Turn Down Service

야릇한(?) 서비스

벤처기업 사장 경석은 해외 출장중 런던에 도착하자마자 시차로 잠시 잠이 들었다. 인기척이 있어 깨어보니 웬 여성이 침대로 다가와 뭔가 잘못된 줄 알고 깜짝 놀랐는데, 그 여성이 야릇한 멘트를 날리는 게 아닌가.

> **Turn Down Service.**

그래서 당황한 경석은 "나는 그런 서비스를 신청한 적 없다"며 손사래를 쳤다. 그런 경석의 반응에 고개를 갸우뚱하던 여성은 자기 할 일을 마치고는 객실을 나갔다. 나중에 알아보니, 특급 호텔의 경우 저녁 6~8시경 객실을 청소하는 룸메이드가 들어와 낮에 사용한 타월이 있으면 갈아놓고 침대보를 걷고 시트를 제쳐놓아 편히 잠자리에 들게 해준다는 것이다. 그러니까 Turn Down Service란 야릇한(?) 서비스가 아니라 **객실을 원상태로 정리하는 서비스**였던 것이다.

○ SITUATION

A: **Knock, knock.**
똑똑.

B: **Who is it?**
누구세요?

A: **Turn Down Service.**
턴다운 서비스입니다(객실 정리하러 왔습니다.)

B: **No, that's fine. I'm working.**
안 해도 괜찮습니다. 지금 일하고 있습니다.

A: **Have a nice evening, sir.**
좋은 저녁 되세요.

|이삭 줍기

호텔에서 아침을 해결하기 위한 대화

Hanger Menu

호텔에는 Hanger Menu라는 게 있다. 아침 일찍 식사하고 싶을 때 이 '행어 메뉴'에 미리 메뉴를 적어 전날 밤 문밖 고리에 걸어두면 부탁한 시간에 아침 식사를 가져온다.

그렇지 않으면 아침에 식당으로 가서 식사를 주문해야 하는데, 그때의 대화를 한 가지 익혀보자.

○ SITUATION

A: Would you like continental or American breakfast?
아침식사로 컨티넨탈 아니면 아메리칸?

B: American, please.
아메리칸(미국식)으로 하겠습니다.

A: How would you like your eggs?
계란은 어떻게 해 드릴까요?

B: Sunny-side up, please.
한 쪽만 익혀주세요.

○ 계란 익히는 방법과 정도에 따른 표현
- **sunny-side up** 흰자위만 살짝 (한쪽만) 익힌 것
- **over easy** 양쪽을 다 익힌 것
- **boiled egg** 삶은 계란
- **poached egg** 수란
- **scrambled eggs** 스크램블

○ 토스트 정도에 따른 표현
- **light** 살짝 구운 (토스트)
- **brown** 많이 구운 (토스트)

Time out

영어랑 잠깐 놀다가기

 Why do people ask God's blessing for a sneezer?
재채기하면 왜 "God bless you!"라고 하나?

A People once believed the soul could escape from the body when a person sneezed. To stop this from happening, people ask God to bless—and so to protect—the person who sneezes.
재채기를 할 때 영혼이 몸에서 빠져나간다고 믿었기 때문이다. 신이 축복해주면 가호를 받아 막을 수 있다고 생각했다.

Fools rush in where angels fear to tread.
현자가 꺼리는 곳에 바보는 서둘러 뛰어든다.

○ **SITUATION**

A: Ahchoo! Ahchoo! (loud sneeze)
애취! 애취 (큰 재채기 소리)

B: God bless you!
신의 가호가 있기를!

A: Thanks. I feel a cold coming on.
고마워. 감기 기운이 있는 것 같아.

- **a cold** 감기
- **flu** 유행성 감기, 독감(=influenza)

• 출전 : Collis, H., *101 American Superstitions*, Passport Books, 1998.

Act 2 drown one's sorrow

Over my dead body!

call it a day

a piece of cake

From your boyfriend?

come down

bottom line

hiccuping stock market

lemon

short

let your hair down

play it by ear

You look hot.

State of the Union Address

smart aleck

know one's onions

What's your poison?

on the house

bookmark

Do you have company?

flooded with spam

big mouth

Do you have the time?

the typical diet

drown one's sorrow

break

go out with

for good

sleep on it

Enough is enough!

I'll keep you posted.

Eggs 4 Sale

슬픔을 물에 빠뜨린다고?

Over my dead body!
시체를 타고 넘어가라니!

한가한 주말 오후 영현은 제인 집에 놀러갔다. 제인이 차려주는 점심이랑 후식까지 잘 얻어먹고 놀고 있는데 제인의 여동생 사라가 들어왔다. 어제 둘이 대판 싸웠다는 얘기를 들은 터라 괜히 영현이 초조해졌다. 사라가 언니 물건을 함부로 갖고 놀다가 고장냈다는 것이다. 그런데 그때 사라가 「Jane, can I borrow your bicycle for a while?」(언니, 자전거 좀 빌려주면 안돼?) 라고 부탁했다. 그러자 제인이 무시무시한 말을 내뱉는 게 아닌가.

Over my dead body!

그러자 시무룩해진 사라가 다시 집을 나갔다. 아니, 자전거좀 빌려달라는데, 자기 시체를 타고 넘어가라니? 영현이 제인더러 "동생에게 무슨 말을 그렇게 심하게 하냐"고 했더니 **Over my dead body!**는 **절대로 안돼!**라는 의미라는 것이다. 맞아, 한국어에도 **내 눈에 흙이 들어가기 전에는 안돼**라는 말이 있지. 영어와 한국어는 다르면서도 참 비슷하다는 생각이 들었다.

◯ SITUATION

A: **Daddy, you'll like him once you meet him.**
아빠, 만나보시면 정말 마음에 드실 거예요.

B: **No! And you're not marrying the guy.**
싫다. 그리고 그 사람이랑 절대 결혼 못한다.

A: **I love him and I'm going to marry him no matter what!**
전 그 사람을 사랑해요. 무슨 일이 있더라도 그 사람과 꼭 결혼 할 거예요!

B: **Over my dead body!**
내 눈에 흙이 들어가기 전에는 안돼!

- 유사 표현 : **In your dreams!**(꿈 깨!)

동문서답도 이쯤 되면…

call it a day

미국인 가정에서 민박을 하게 된 승환은 실용영어의 진수를 배우게 되었다며 좋아했다. 하루는 밤늦도록 함께 TV를 보며 이야기꽃을 피우고 있는데, 집주인 아저씨가 졸린지 하품을 하며 승환에게 툭 한마디를 던졌다.

Let's call it a day.

난생 처음 들은 표현이라 어리둥절했지만, 어쨌든 승환은 나름대로 대답한답시고 「OK. It's Friday.」(그래요. 오늘이 금요일이죠.)라고 말했다. 이 말에 잠이 다 달아났는지 집주인은 한참을 껄껄대며 웃다가 이층 침실로 올라갔다. 멋쩍어진 승환은 아주머니에게 물어보고서야 call it a day가 마치다, 그만두다라는 뜻인 줄 알게 되었다.

○ SITUATION

A: It's almost midnight. I am so tired.
자정이 다됐어. 정말 피곤한데.

B: Me too. Let's leave the report as it is for tonight.
나도 피곤해. 이 보고서 오늘 밤 그냥 이대로 두자.

A: I am glad you want to call it a day too.
너도 그만하자니 다행이다.

a piece of cake
빵 한 조각이라니?

자동차 시동을 꺼뜨려 당황한 정화는 조금 전 픽업한 존에게 도와달라고 했다. 그랬더니 존이 엉뚱한 소리를 늘어놓는 게 아닌가.

It's a piece of cake.

아니 시동이 꺼져서 도와달라고 했더니 한다는 소리가 "그것은 빵 한 조각이라니?" 지금 막 점심 먹을 시간인데 도와주는 대가로 빵이라도 사달라는 얘긴가? 정화는 a piece of cake가 누워서 떡 먹기처럼 아주 쉬운 일이라는 뜻인 줄 미처 몰랐던 거다.

○ SITUATION 1

A: Don't worry. Starting the engine is a piece of cake. You just turn the key.
걱정마. 시동을 거는 건 정말 쉬운 일이야. 자동차 키를 돌리기만 하면 돼.

B: I did that several times but it didn't work.
몇 번이나 시도했는데 안 됐어.

○ SITUATION 2

A: Are you sure you can handle this?
혼자 잘할 자신 있어?

B: Don't worry. It's a piece of cake.
걱정하지마. 누워서 떡 먹기야.

A: OK. Call me right away if you have questions.
알았어. 질문 있으면 바로 나한테 전화해.

From your boyfriend?

→ 아니, 후배라니까!

영국에 교환 학생으로 간 경선은 우편함에서 편지를 확인하고 후배에게서 온 편지를 들고 기숙사로 올라가다가 브라이언을 만났다. 브라이언은 경선이 들고 있는 편지를 보더니 이렇게 묻는 거였다.

From your **boyfriend**?

그래서 경선이 「No, it's from my junior.」(아니, 후배한테 온 거야.)라고 대답하자 브라이언은 또 다시 "동생에게서 온 것이냐?" 고 묻는 것이었다.
답답해진 경선은 그게 아니라 편지를 보낸 사람이 대학 후배라고 자세히 설명했다. 그런데도 브라이언은 여전히 「Oh, he is your friend.」(아, 그가 네 친구라고.)라고 했다.
경선은 항상 나이를 따져 선배(senior)와 후배(junior)를 구별하는 것이 얼마나 동양적인 사고인가를 다시 한 번 느낄 수 있었다.

○ SITUATION

A: Are you sure we can call him by his first name even though he's two years older than us?
우리보다 두 살이나 많은데 그 사람 이름을 막 불러도 될까?

B: That's perfectly OK here in the US. What about in Korea?
미국에서는 전혀 문제될 게 없어. 한국에서는 어때?

A: It's considered very rude to call somebody older than you by their first name.
한국에서는 자기보다 나이 많은 사람 이름을 (함부로) 부르면 굉장히 무례하다고 생각해.

B: I must be careful when I go there this summer.
이번 여름에 가서 조심해야겠네.

come down

흥정하다 말고 내려오라니?

미연은 유학중에 시계 가게에서 아르바이트를 했는데 하루는 미국인 부부가 들어와 이것 저것 살펴보더니 클래식한 가죽 줄 시계가 마음에 들었던 모양이다. 이들이 카운터로 오더니 430달러라고 적힌 가격표를 미연에게 들어보이며 갑자기 좀 "내려와 달라"고 부탁하는 것이다.

Can you come down a little?

미연은 도저히 이해할 수 없었다. 흥정하다 말고 내려오라니? 도대체 어디로 어떻게 내려오라는 말인지…? 미연은 **come down**이 (가격을) 깎아주다라는 의미로 쓰인다는 걸 미처 몰랐던 거다. "좀 내려와 주시겠어요?"라는 말은 「Can you **step down** a little?」로 표현한다.

○ SITUATION

A: May I help you, sir?
도와드릴까요?

B: Yes, I really like this sweater. It'd look good on my wife.
네, 이 스웨터가 아주 마음에 드는군요. 아내한테 잘 어울릴 것 같아요.

A: What a nice choice. This sweater is one of our best-selling items.
잘 고르셨어요. 들고 계신 스웨터는 저희 가게 히트 상품이에요.

B: But the problem is the price. Do you think you can **come down** a little?
근데 가격이 좀 문제네요. 좀 깎아주실 수 있나요?

A: I'm sorry, sir but I'm afraid that's impossible. It's already marked down 30%.
죄송하지만 더 이상의 할인은 불가능합니다. 이미 30% 할인된 상품이어서요.

bottom line

탄탄한 밑줄도 있나?

영자신문 읽기로 매일 아침을 시작하는 김 과장은 아직 제대로 이해되지 않는 부분도 많지만 계속 읽어서 영어에 대한 감각을 잃지 않으려고 노력중이다. 하루는 비즈니스 섹션을 펼쳤는데 다음과 같은 헤드라인이 눈에 확 들어왔다.

> **Companies Need Stronger Bottom Line.**

읽어보니 "최근 벤처 붐이 가라앉으면서 벤처기업들이 어려움을 겪는다"는 내용인데 기사 제목은 도저히 이해가 되질 않았다.
과연 Bottom Line이란 뭘 뜻하는 걸까? "밑줄이 더 탄탄해야(Stronger) 좋다"는 건가? 회사에 도착하자마자 미국에서 대학을 나온 최과장에게 물었더니 느닷없이 Balance Sheet(대차대조표)를 꺼내들더니 맨 아래 손익계산서 난을 가리키면서 "이거잖아!" 하는 것이다. 그러니까 **bottom line**이란 **기업의 수익성**(대차대조표 하단의 손익 표시 부분)을 가리키는 표현이었다. 그렇다면 stronger bottom line 이란 손익에서 이익이 더 많아 수익성이 높다는 뜻이겠구나.

○ SITUATION

A: What do you think is most important in company management?
기업 경영에 있어서 가장 중요한 것이 뭐라고 생각하세요?

B: I think the most important thing is to have a strong **bottom line**.
무엇보다 기업 수익성이 좋아야 한다고 생각합니다.

A: Could you tell us why?
왜 그런지 설명해 주시겠어요?

B: Because if you keep on losing money, then your company may soon go bankrupt.
계속 손실을 기록한다면 곧 회사 문을 닫아야 하기 때문이죠.

• go bankrupt (기업이) 파산하다

hiccuping stock market
주식시장이 딸꾹질을 한다고?

bottom line이 무슨 뜻인지 알아낸 김 과장. 점심 식사 후 잠깐 짬을 내서 다음 기사를 읽어 보기로 했다. 몇 줄 못 읽고 또 난관에 봉착했다.

Hiccuping Stock Market.

이번엔 '주식시장이 딸꾹질을 한다고?' 최과장에게 또 물어보자니 자존심이 상하고, 모른 채로 넘어가자니 찜찜하고… 무슨 수가 있어도 혼자 해결해 보기로 다짐하고 계속 기사를 읽어내려갔다.

읽어보니 별다른 내용 없이 주가가 정신없이 오르락내리락한다는 것이다. 그렇다면 주식 시장이 'hiccuping한다'는 것은 우리말로 주식시장이 '널뛰기한다'는 건가? 그 순간 김 과장은 유레카를 외치고 싶을 정도로 기뻤다.

매일 우리 신문에서 말하는 그 **널뛰기 장세**가 바로 영어로는 **hiccuping stock market**이었구나!

○ SITUATION

A: I want to try stock trading. I think it'll be fun.
　주식투자 한번 해보고 싶어. 재미있을 것 같아.

B: Fun? Not when you lose thousands of dollars!
　재미있다고? 수천 달러 잃어보면 그런 소리는 못할걸!

A: Is it that gloomy?
　요즘 장세가 그렇게 안 좋아?

B: The **stock market** has been **hiccuping** like crazy lately.
　최근 들어 주가가 미친 듯이 널뛰기하고 있어.

　• stock trading 주식 투자　• gloomy (장세가) 안 좋은

lemon

→ ## 똥차가 아니라는데…

용식은 학생 신분이라 중고차도 과분하다고 생각하며 중고차 딜러를 빌과 함께 찾아갔다. 그런데 딜러가 빌에게 차의 색깔과 관련된 듯한 말을 하는 것 같았다.

It's not a **lemon**.

용식은 순간 아차 싶었다. 레몬 색이 아니라고? 그럼, 원래 레몬 색 차였는데, 사고라도 나서 진한 감청색으로 덧칠한 차라는 말인가? 용식은 빌에게 그냥 돌아가자고 했다. 돌아오는 차안에서 빌에게 차를 안 산 이유를 말하자, 빌은 기가 막혀하며 오해했다고 말했다. 용식은 It's not a lemon이 똥차가 아니다라는 뜻인 줄 꿈에도 모르고 "레몬 색 차가 아니다"로 잘못 알아들었던 것이다.
참고로 "내 차는 노란색이다"라는 표현은 「I have a yellow car.」이다.

◯ SITUATION

A: The used car I bought for five hundred dollars was a lemon.
내가 500달러 주고 산 중고차는 정말 똥차였다.

B: I told you not to buy a second hand car from a person you don't know.
중고차는 모르는 사람에게서 사지 말라고 말했잖아.

A: It has already been to the repair shop three times.
벌써 수리하러 카센터에 세 번이나 갔어.

• **lemon** something that does not work 또는 something defective (제대로 작동하지 않는 것)

short

이혼좀 한다고 키가 작아져?

민기는 찰스와 함께 토크쇼(talk show)를 보고 있는데, 유명한 플레이보이 영화 배우가 초대 손님으로 나왔다. MC가 근황을 묻자 그는 아리송한 얘기를 늘어놓았다.

> As you know, I've just gotten my third divorce, so I've been a little **short** lately.

민기는 여성 편력이 화려한 이 배우가 세 번째 이혼하였다는 말까지는 알아들었는데, 이혼과 키가 줄어든 것과의 함수관계는 도무지 이해가 가지 않았다. 방영이 끝난 후 찰스에게 물었다. 왜 그 사람 키가 작아졌는지 아느냐고.
그러자 여기서 short는 '키가 작다'는 뜻이 아니라 위자료를 여러 번 주느라 주머니 사정이 나빠졌다는 뜻이라고 설명해 주었다. 그리고 "최근에 키가 좀 줄었어요"는 「I think I've gotten shorter lately.」로 표현한다고 친절하게 일러주었다.

○ SITUATION

A: Did you buy Christmas presents for your family and friends this year?
가족과 친구들 크리스마스 선물은 다 샀어?

B: Not really. I'm afraid I'm a little **short** this year. I'm just going to send them Christmas cards.
아니. 금년에는 주머니 사정이 안 좋아서 카드만 보내려고 해.

A: What's wrong?
무슨 일 있어?

B: Nothing. I spent my money on the car of my dreams. I couldn't resist.
아니. 꿈에 그리던 자동차를 사버렸거든. 버틸 수가 없었어.

Scene 046

let your hair down

머리카락을 왜 내려?

영국인 친구 앤 집에 초대받은 미경은 깔끔한 동양인의 모습을 보여주고 싶어 머리를 위로 묶고 갔다. 앤은 현관에서 미경을 반갑게 맞은 후 소파에 앉으라고 권한 뒤 무엇을 마시겠느냐고 물었다. 판에 박힌 말들이라 여기까지는 아무 문제가 없었다. 커피를 마시겠다고 하자, 친구는 금방 준비하겠다면서 다음과 같이 말하고 부엌으로 발걸음을 돌리려 했다.

Just let your hair down.

뭐, 머리를 내리라고? 기껏 머리를 올려서 묶었더니 별로 좋아보이지 않나 보지? 속으로 이렇게 생각하면서 「Why?」하고 물었다. 그러자 앤이 어깨를 으쓱하면서 어리둥절한 표정을 지었다. 미경은 자기의 반문이 뭔가 잘못되었음을 느끼고 머리카락을 풀어내리는 시늉을 했다. 그러자 앤은 살풋 웃으면서 **let your hair down**이 **Make yourself at home**(편히 있어라)과 같은 뜻이라고 일러주었다.
참고로, "머리카락을 풀어라"는 「Untie your hair.」라고 한다.

○ SITUATION

A: I'm so nervous. I've never been to a club. And I'm not a good dancer.
신경쓰이네. 클럽에 가본 적이 없어. 춤도 잘 못 추고.

B: Well, just let your hair down and have a good time.
그냥 편한 마음으로 즐겨.

play it by ear

연말에나 보자니?

해외 지사로 발령받아 나가기 전 집중적인 언어연수를 받고 있는 진수는 어느 날 영어 강사 찰스를 집으로 초대했다. "다음 주 금요일 저녁에 혹시 집으로 놀러 올 수 있겠느냐"고 용기를 내어 물었다. 그런데 찰스의 대답이 영 아리송하다.

> **I'll have to play it by ear.**

진수는 마지막 단어가 ear라고는 상상도 하지 못하고 당연히 year라고 생각했다. 외국인들은 쉽게 남의 집에 가지 않는다더니 이 친구도 연말쯤에나 우리 집에 오겠다는 말인가? 대충 이렇게 짐작한 진수는 "나는 연말쯤에는 이미 출국하고 없다"고 대답했다. 진수의 동문서답에 놀란 찰스는 진수가 잘못 알아들었음을 직감하고 play it by ear가 상황을 보아가며 결정하다라는 뜻이라고 친절하게 일러주었다.

○ SITUATION

A: My boss says he wants to see me this afternoon.
상사가 오늘 오후에 잠깐 보자고 하는데.

B: Do you know what it's about?
뭐 때문에 보자고 하는지 알아?

A: I don't know. I think it might be about the report that I'm writing. I'll just have to play it by ear.
잘 모르겠어. 지금 작성하고 있는 보고서 때문인 것 같은데. 그때 가서 알아서 대처해야겠어.

ear를 사용한 표현

sing[play] by ear(=improvise as one goes along)
귀동냥으로 노래[연주]하다

Mozart started playing the piano by ear when he was only 6.
모차르트는 6살 밖에 안 되었을 때 이미 피아노 연주를 듣고 연주를 했다.

be all ears
열심히 귀를 기울이다

He was all ears in class.
그는 수업중에 열심히 듣는다.

lend one's ears to ~
~ 에 귀를 기울이다

Can you lend me your ears? I have something very important to say to you.
잠깐 귀 좀 빌려줄래? 나 아주 중요한 할 얘기 있어.

go in one ear and out the other
한 귀로 듣고 한 귀로 흘리다

I can't think of his name! It just went in one ear and out the other.
그 아이 이름이 기억나지 않아. 까맣게 잊어버렸어.

turn a deaf ear to(=turn a blind eye to)
통 들으려 하지 않는다

My teacher turned a deaf ear to my request.
선생님은 내가 아무리 간청해도 들어주지 않는다.

You look hot.

미니스커트가 더워 보인다구?

너무나 무더웠던 어느 여름날, 정현은 평소 한 번도 입지 않던 미니스커트를 꺼내 입었다. '아이들이 한 마디씩 거들겠구나…' 걱정도 되었으나 그날은 살인적으로 찌는 날이었다. 아니나다를까 캠퍼스에 들어서자 캐더린이 대뜸 큰소리로 뭐라고 말하면서 다가왔다. 미처 못알아들은 정현이 「What?」 하고 묻자 캐더린이 열 받는 소리를 하는 게 아닌가.

You look **hot**.

이 말에 왈칵 짜증이 난 정현은 「No, I'm not hot.」(아니, 나 안 더워.)라고 쏘아주었다. 그러자 캐서린은 오해 말라는 듯 「No, I mean you look sexy.」(아니, 내 말은 아주 멋져 보인다구.)라고 말했다. 「She is so bad.」라는 표현에서 bad가 억양과 상황에 따라 '나쁘다'와 '좋다' 두 가지 의미로 모두 쓰일 수 있듯이 hot도 상황에 따라 멋있다와 덥다의 두 가지 의미로 모두 쓰인다는 것이다.

○ **SITUATION**

A: Look at this place! It's filled with hot girls!
  우와 이곳 좀 봐! 멋진 여자들이 가득하네!

B: I told you! Let's go find a seat first.
  내가 그랬지? 먼저 가서 자리나 잡자.

A: You can go and sit down. I'm going to dance, and hook up with some girls!
  너나 가서 앉아. 난 춤추고 여자들이랑 얘기 좀 해야겠어!

B: All right. Do whatever you want.
  알았어. 네 마음대로 해.

• hot girls 멋진 여자들   • hook up with ~와 어울리다

State of the Union Address

'연맹의 현 상태'가 어쩐다고?

9.11사태 이후 미국행이 좀 꺼려지긴 했지만, 영철은 생활영어를 빨리 익히려는 욕심에 겨울 방학 동안 미국인 집에서 민박을 하기로 했다. 새해를 맞고나서 어느 날 주인 아저씨가 부시 대통령의 중요한 연설이 생중계되니까 함께 보자고 했다. 미국 대통령이 하는 연설이니까 영어 공부에도 도움이 될 것 같아 TV 앞에 앉았다. 연설이 시작되자 주인 아저씨는 이 연설이 State of the Union Address라고 했다.

State of the Union Address

뭐, 무슨 연맹의 현 상태에 관한 연설이라고? 영철이 의아해하자 주인 아저씨는 미국 대통령이 연초에 발표하는 (미합중국의) 연두교서라고 일러주었다. 우리로 치면 대통령의 새해 국정연설 같은 거다.

○ SITUATION

A: Did you see US President George W. Bush giving this year's State of the Union Address to the Congress?
올해 미국의 조지 부시 대통령이 의회에서 연두교서 발표하는 모습 봤니?

B: Yes I did. I think he had some really powerful messages to Iraq and North Korea.
응 봤어. 이라크와 북한에 대해 매우 강한 의견을 피력하던걸.

A: Really? What did he say?
정말? 뭐라고 했는데?

A: I can't remember the exact words but he basically said you either disarm or we'll strike.
정확히 뭐라 했는지 기억은 안 나지만 당장 무장해제하지 않으면 처부순다는 내용이었어.

- the Congress 미국의 의회 (한국의 국회 : the National Assembly) • deliver an address 연설을 하다
- congratulatory address 축사 • funeral address(=eulogy) 조사 • inaugural address 취임사
- welcoming address 환영사 • opening [closing] address 개[폐]회사

smart aleck

말썽꾸러기 녀석이 똑똑하다고?

초등학교 때 미국으로 간 혜원의 반에 해리라는 말썽꾸러기 학생이 있었다. 해리는 평소 선생님들께 말대꾸를 잘해 선생님들로서는 골치아픈 존재였다. 그날도 해리가 선생님께 말대꾸를 하자 선생님의 인내도 한계를 넘었는지 언성을 높이셨다. 그래도 해리가 계속 빈정대자 선생님은 이렇게 소리치면서 벌컥 화를 내셨다.

You, smart aleck!

그런데 혜원은 도저히 선생님의 말씀을 이해할 수 없었다. 아니 문제아 해리가 왜 똑똑하다는 거지? 또 그 애 이름은 알렉이 아니라 해리가 아닌가? 선생님께서 홧김에 실언을 하신 건가? 그러나 혜원은 smart aleck이 버르장머리없는 녀석이라는 걸 몰랐던 거다.

○ SITUATION

A: Harry is such a **smart aleck**.
해리는 정말 버르장머리없어.

B: He always thinks he is right about everything, and makes you think that you are wrong.
항상 자기가 매사에 옳다고 생각하고 네가 잘못이라고 생각하게 만들어.

know one's onions

뜬금없이 웬 양파?

소영은 캐롤과 함께 미용 강좌를 들으러 갔다. 강사의 너무나도 자세하고 친절한 설명에 소영은 대만족이었다. 캐롤도 흐뭇해하면서 다음과 같이 말했다.

She knows her onions.

캐롤이 흐뭇한 표정을 지은 것까지는 충분히 이해가 가는데, 뜬금없이 웬 양파? 영어 실력이 짧은 소영은 고개를 갸우뚱할 수밖에. 그런데 알고보니 **know one's onions**는 **(자기 일에) 능숙하다**라는 뜻이었던 거다.

○ SITUATION

A: Are you sure we can leave our kids with that old woman?
  저 할머니께 우리 아이들을 맡겨도 될까요?

B: Calm down, she's been baby-sitting for years.
  진정해. 그분은 그래뵈도 수년간 아이들을 돌봐오셨어.

A: But look at her. She can barely take care of herself.
  좀 봐요. 당신 자신도 돌보기 힘들어하시는데요.

B: Don't worry. She **knows her onions**.
  걱정하지마. 이 일에는 아주 능숙하신 분이셔.

Time out

영어랑 잠깐 놀다가기

Q | **Why do you cover your mouth when you yawn?**
하품할 때 왜 입을 가려야 하나?

A | An old superstition says that yawning is caused by the devil and that evil spirits enter the body when your mouth is open wide. Covering your mouth stops them. Nowadays, it is simply considered rude not to cover your mouth when you yawn.
하품을 악마에 의해 한다고 믿었으므로 입을 벌리면 악령이 몸 안으로 들어온다고 믿었기 때문이다. 입을 가리면 막을 수 있다고 생각했다. 이제는 하품을 할 때 입을 가리지 않으면 예의가 없다고 생각한다.

Light come, light go.
쉽게 얻는 것은 쉽게 없어진다.

○ SITUATION

A: Oh, I just can't stop yawning.
하품이 계속 나오네.

B: You could cover your mouth at least.
적어도 입은 가리고 해야지.

A: Sorry. I didn't mean to be so rude, but I've been working since 7 this morning.
미안해. 예의없게 굴래서 그런 게 아니고 아침 7시부터 계속 일해서 그러나봐.

B: I know, but yawning is contagious. If you continue, I'm going to start yawning too.
이해해. 근데 하품은 전염되잖아. 너 계속하면 나도 따라하게 돼.

• contagious(=catching) 옮기 쉬운

• 출전 : Collis, H., *101 American Superstitions*, Passport Books, 1998.

What's your poison?
마실 것 준다면서 웬 향수?

주희는 공부하다 머리도 식힐 겸 헬렌의 방으로 놀러 갔다. 헬렌은 마실 것을 준다며 느닷없이 이렇게 말했다.

What's your poison?

poison을 향수로 생각한 주희는 '그냥 입던 채로 나온 차림이라 아무 향수도 안 뿌렸는데 얘가 웬 향수 타령이람?' 하고 의아해하면서 「No, I'm not wearing any perfume today.」(오늘 나 향수 안 뿌렸어.) 라고 답답했다.
그러자 헬렌이 「I know that.」(나도 알아.) 라고 하기에 주희는, '그럼 그냥 독을 말하는 건가? 마실 것에다 독이라도 넣겠다는 거야 뭐야?' 하고 생각하면서 인상을 찌푸렸다.
헬렌은 그제서야 「I mean, what do you want to drink?」라고 물어보았다. 진작 그렇게 물어볼 것이지…. **What's your poison?**은 너 뭐 마실래?였던 것이다.

○ SITUATION

A: **What's your poison**, John?
  존, 뭐 마실래?

B: I'll have scotch on the rocks. What about you?
  난 스카치 위스키에 얼음 넣어서. 너는 뭐 마실래?

A: I'll have the same.
  나도 같은 거.

• **Poison** : Christian Dior의 향수 이름.

on the house

샴페인 마시러 지붕 위로?

준기는 크리스마스 이브까지 공부만 하고 앉아있을 수는 없어 친구들과 외식을 하기로 했다. 식당에 막 들어서는데 웨이터가 이렇게 말했다.

Anybody who wants champagne, it's on the house!

그러자 손님들이 박수를 치며 좋아했다. 아무리 즐거운 성탄절 전야지만, 샴페인 마시러 지붕 위까지 올라가야 하나? 주위를 둘러봐도 지붕 위로 올라가는 사람은 아무도 없었다. 웨이터가 테이블을 돌며 샴페인을 가득 따라주고 다닐 뿐이었다. 준기가 의아해하자 주디가 on the house는 한턱 내다, 거저 주다, 서비스로 주다라는 뜻이라고 알려주었다.
"지붕 위에 있다"고 하려면 「It's on top of the roof.」로 표현해야 한다.

O **SITUATION 1**

A: At the restaurant next door, customers who order a meal get dessert on the house.
바로 옆 레스토랑에서는 식사를 주문하면 후식은 거저 준대.

B: In that case, let's go there.
그래 그러면 그 식당으로 가자.

O **SITUATION 2**

A: Is everything all right, madam?
다 좋습니까?

B: Great, thank you.
아주 좋아요. 고마워요.

A: This is our special dessert. It's on the house.
특별 후식입니다. 그냥 서비스로 드리는 겁니다.

bookmark

웹사이트에 책갈피를 꽂아두라고?

출근하자마자 인터넷을 통해 주요 신문 기사를 읽는 대진은 그날도 어김없이 인터넷 주소 창에다 원하는 신문사 주소를 열심히 입력하고 있는데 곁을 지나가던 외국인 동료 리차드가 대뜸 다음과 같이 말했다.

> **You can save a lot of time if you have those sites bookmarked.**

'bookmark는 책갈피잖아. 근데 웹사이트를 bookmark하라니? 사이트 주소를 종이에 적어서 붙여놓고 항상 보고 쓰라는 말인가?' 대진이 어리둥절한 채로 「OK!」하고 주소를 마저 입력하는데 리차드가 보다못해 손수 시범을 보여주었다.
앗! bookmark가 '책갈피를 꽂아두다'라는 뜻이 아니라 즐겨찾기에 추가하다라는 뜻이었구나.

○ SITUATION

A: Every time I see you, you are browsing the same website.
너 볼 때마다 똑같은 사이트를 보고 있더라.

B: Yes, this is an on-line shopping mall. I'm checking to use if there's anything nice.
응, 온라인 쇼핑몰 사이트인데 뭐 좋은 거 없나 해서 확인하고 있었어.

A: Do they actually have something good?
정말 뭐 좋은 거 많아?

B: Sure, I get my books, records and even clothes from this shopping mall.
그럼, 난 책에서부터 음반 그리고 심지어 옷까지 여기서 다 구매해.

A: I'd better bookmark the site.
나도 그 사이트를 즐겨찾기에 추가해 놓아야지.

Scene 055

Do you have company?

→ 회사를 갖고 있냐고?

안나는 학교에서 속상한 일이 생겨 하소연이라도 할 겸 집에서 쉬고 있는 재희에게 전화를 걸었다. 한참 얘기를 하는데 재희의 반응이 영 시원치 않아 누구랑 같이 있느냐고 물었다.

Do you have company, Jaehee?

물론 잘못 알아들은 재희는 「No, I don't own a company. I'm just a student.」(회사는 갖고 있지 않고 나는 단지 학생일 뿐이다.)라고 대답했다. 안나는 재희에게 전화하기 전보다 더 답답해졌다. 재희는 **Do you have company?**가 누구랑 같이 있니?라고 물어본 말인 걸 미처 몰랐던 거다.
"회사를 경영하고 있니?"라고 묻는 말은 「Do you have a business of your own?」으로 표현한다.

○ SITUATION

A: (telephone rings) Hi! It's me. How is it going?
　나야. 잘 지내니?

B: Hi!
　안녕!

A: Can you believe what Susan did?
　수잔이 어떻게 했는지 알아?

B: ….

A: What's the matter? Can't you talk? **Do you have company?** Is Susan there?
　무슨 일이 있니? 말할 수 없어? 누구랑 같이 있어? 수잔이 거기 있니?

B: Yes, I'll call you later.
　응, 나중에 전화할게.

flooded with spam

인터넷에 웬 홍수?

윤재는 미국으로 유학온 지 얼마 안 되어 과제를 혼자 해결하기에는 힘에 부쳤다. 그래서 테드에게 많은 도움을 받고 있다. 윤재는 그날도 어김없이 테드에게 전화를 했는데 테드가 대뜸 이렇게 말하는 게 아닌가.

My mailbox is **flooded with spam**!

깜짝 놀란 윤재는 '우편함이 있는 1층에 물이 꽉 차 있었나보다' 라고 대충 짐작하면서 테드에게 「Do you want me to call 911 for help?」(911에 전화해서 도와달라고 할까?) 하고 물었다. 그러자 테드는 펄쩍 뛰면서 그럴 필요 없다는 게 아닌가. 도와주려고 했을 뿐인데 왜 그러지?
나중에 알고보니 테드는 그때 e-mail을 확인하고 있었는데 엄청난 junk mail이 와 있어서 이메일 박스가 **스팸 메일로 가득 차 있다**라는 뜻으로 **flooded with spam**이라는 표현을 쓴 거였다. 참, 아무리 영어가 짧다고 이런 해프닝을 벌이다니….

○ SITUATION

A: How often do you check your e-mail?
  얼마나 자주 이메일 확인하니?

B: Maybe every three hours.
  한 세 시간에 한 번쯤 확인할 거야.

A: Why do you check your mail so often?
  왜 그렇게 자주 확인하는데?

B: Every time I check my mail, it's **flooded with junk mail**, so I have to delete them before they take up all the space in my mail box.
  확인할 때마다 보면 스팸 메일이 가득 와 있거든. 그래서 스팸 메일이 내 계정 용량을 다 차지하기 전에 미리미리 지워버려야 하거든.

big mouth

입이 크다고 해서 좋다고?

수미는 메리와 수다를 떨다가 실수로 그만 "주디가 빌과 데이트한다"는 사실을 말하고 말았다. 바로 얼마 전까지만 해도 빌의 애인이었던 메리의 신경을 본의아니게 건드린 것이다. 세상에 비밀은 없는 법. 주디는 수미를 보자 대뜸 이렇게 내쏘며 화를 냈다.

> **You have a big mouth!**

그런데 수미는 오히려 웃으며 고마워했다. 평소에 입이 작아 고민했었는데 주디가 "입이 크다"고 말해주니까 좋을 수밖에 없었다. 떠벌이라는 뜻으로 수미를 big mouth라고 비난한 주디는 수미가 아마 제정신이 아니라고 생각할 수밖에. 아무리 심한 욕도 못알아들으면 욕도 아닌가?

○ SITUATION

A: Cindy told me that you are getting married soon. Is that true?
신디가 그러는데 곧 결혼한다며? 사실이야?

B: I asked her to keep that a secret.
비밀로 해달라고 부탁했었는데.

A: A secret? The whole town knows about it!
비밀이라고? 마을 전체에 소문이 퍼졌는걸?

B: Cindy sure has a big mouth. I'm not telling her anything from now on.
신디는 정말 입이 가볍구나! 이제부터는 입도 벙긋 안 할 거야.

- You have a big mouth.(=You are such a blabbermouth.)
- You have a rather large mouth. 입이 참 크구나.

Do you have the time?

시간 있으세요?

회사에서 직원들을 위해 마련한 새벽 영어회화 수업에 남다른 열의를 보이는 오차장은 그 날도 수업 후까지 남아 여러 질문을 하고 있었다. 대답을 마친 다이애나 선생님이 "시간 있냐"고 물어보시는 게 아닌가.

Do you have the time?

아니, 이 어여쁜 선생님이 지금 내게 데이트를 신청하는 것인가? 오차장은 황홀한 나머지 「Of course, I do.」라고 용기를 내어 대답했다. 그런데 다이애나 선생님은 오차장을 쳐다보면서 무슨 대답을 재촉하는 것 같았다. 그러나 **Do you have the time?**이 **지금 몇 시입니까?**라고 묻는 말이라는 걸 생각지도 못한 오차장은 '뭐가 문제지?' 하고 있었다. **시간 좀 있으세요?**는 Do you have time?(=Can you spare me some of your time?)이라고 표현하니까 리스닝에 약한 오차장이 오해하는 것도 당연하다.

○ SITUATION

A: **Do you have the time**, Sunam?
수남아, 지금 몇 시인 줄 아니?

B: Sure, I'm always available for you! When do you want to go out?
물론! 너라면 언제나 환영이지? 우리 언제 볼까?

A: Not that! I mean can you tell me what time it is!
그게 아니라! 지금 몇 시인 줄 아냐고!

B: Oh, that… I don't have a watch on.
그거였구나… 오늘 시계를 안 차고 왔는걸.

the typical diet

다이어트할 때 뭘 먹느냐고?

미국에 어학연수를 간 미혜는 미국 친구들에게서 다음과 같은 질문을 많이 받았다.

What is **the typical diet of Koreans?**

'너무 뚱뚱하다보니 다이어트에 관심이 많긴 많구나?'라고 생각하며 질문의 정확한 뜻을 몰랐던 초기에는 대충 넘어갔다. 그때 미혜는 "사과, 오이, 당근 등등"이라고 대답을 했으며, 미국인 친구들도 수긍이 가는지 고개를 끄덕였지만 뭔가 석연치 않아하는 눈치였다. 그러나 나중에 알고보니 미국인 친구들이 "한국인들이 평상시 먹는 음식이 무엇이냐?"는 뜻으로 그렇게 물어본 거였다. 그러니까 **the typical diet**는 다이어트 음식이 아니라 **주로 먹는 음식**을 뜻하는 거였다. 만약 "한국인들은 대개 어떻게 다이어트를 하지요?"라는 뜻으로 물어봤다면 「How do Koreans go on a diet?」라고 표현했을 것이다.

○ SITUATION

A: What is **the typical Korean diet**?
한국인들의 주식은 뭡니까?

B: We usually have a bowl of rice and several side dishes, including Kimchi.
우리는 주로 쌀밥과 김치를 포함한 반찬 몇 가지 먹어요.

A: Is that so? I want to try that some time.
그래요? 언제 한번 먹어보고 싶네요.

- a vegetarian[meat] diet 채[육]식   • be on a diet 다이어트(식이요법)를 하고 있다
- Diet 일본의 의회
  The Diet is sitting. 의회는 개회중이다.(sitting=in session)

drown one's sorrow

슬픔을 물에 빠뜨린다고?

요즘 들어 수업 시간에 마이크가 통 보이질 않았다. 걱정이 된 정수는 마이크랑 같은 기숙사에 살고 있는 피터에게 혹시 무슨 일이라도 있는 것은 아닌지 물었다. 그랬더니 피터가 아리송한 대답을 했다.

> **Mike is in the bar drowning his sorrows. He just broke up with his girl friend.**

정수는 '마이크가 여자친구랑 헤어져서 상심이 컸구나… 그런데 슬픔을 물에 빠뜨린다니? 마이크가 있다는 그 바에 가보면 알겠지' 하고 생각했다. 방과 후 바에 들어서자 마이크가 혼자 술에 취해 흥얼거리고 있었다. 아! **drown one's sorrow**하면 슬픔을 잊기 위해 술을 마신다는 뜻이었구나!

○ SITUATION

A: Have you heard from Jane lately? I haven't seen her around for quite a while.
요즘 제인이 어떻게 지내는지 알아? 통 안 보이네.

B: I went over to her place yesterday and she was there **drowning her sorrows**.
어제 제인 집에 갔었는데 슬픔을 잊기 위해 술을 마시고 있더라고.

A: What's wrong?
왜 그런데?

B: She told me she lost her job.
제인이 그러는데 직장에서 해고당했대.

break

돈을 찢어달라고?

우경이 미국에 막 도착했을 때의 일이다. 버스를 기다리는데 어떤 사람이 다가오더니 다음과 같이 말하면서 50달러짜리 지폐를 꺼내보이는 게 아닌가!

Can you **break** this?

뭐, 지폐를 찢어달라고? 우경이 돈을 받아들고 반으로 찢는 시늉을 해보이며, 「Like this?」(이렇게 하라고요?) 하고 물었다. 그러자 그 사람은 기겁을 하며 「Oh, no, no. Never mind.」(아니. 없던 일로 하자.)라고 말하면서 돈을 낚아채서 가버렸다.
우경은 나중에 미국인 친구에게 설명을 듣고서야 **break**에 '부수다, 찢다' 외에 **잔돈으로 바꿔주다**라는 뜻이 있다는 걸 알았다.

○ SITUATION

A: How can I help you?
도와드릴까요?

B: Yes, I was wondering if you could **break** this five dollar bill.
네, 혹시 5달러짜리를 잔돈으로 바꿔주실 수 있으세요?

A: Sure, how would you like it?
그럼요. 어떻게 드릴까요?

B: Five one dollar bills would be great.
1달러짜리 5장으로 바꿔주시면 감사하겠습니다.

- Can you **break** this?(=Do you have **change** for this?)
- Can you **break** this? (이걸 부술 수 있습니까?)

go out with

도대체 어딜 나가자고?

미국에서 초등학교 5학년에 다니던 시절, 지영에게 어느 날 반에서 인기가 가장 좋은 토마스라는 남학생이 찾아와 같이 좀 나가겠느냐고 물었다.

Do you want to go out with me?

그래서 지영은 「Where?」(어딜 가자고?)라고 물었고, 그 뒤로 똑같은 질문과 대답이 몇 차례 반복되었다. 결국 토마스는 얼굴을 붉히며 홱 돌아서더니 자기 자리로 가버렸다.
사춘기를 지나면서야 지영은 그때 토마스가 한 말이 무슨 뜻이었는지 비로소 알게 되었다. **go out with**가 ~와 사귀다라는 뜻이었던 것이다.

○ SITUATION

A: Hi Jenny! I was thinking… Would you like to go out with me sometime?
제니 안녕! 저기 생각해 봤는데… 나랑 언제 데이트할래?

B: Oh, that's so sweet of you. But I'm seeing someone already.
너무 고마워. 근데 나 이미 사귀는 사람이 있어.

A: Yeah… I knew you were. Well, I'll see you around.
그래… 그럴 줄 알았어. 그럼 또 보자.

B: You'll find someone soon, too.
너도 곧 좋은 사람 만날 거야.

- Do you want to go out with me?(=Can I take you out?)
- Will you go to some place with me? (나랑 같이 어디 좀 갈래?)

for good

좋아서 가냐고?

민기는 미국에서 학교를 다니던 중 이사를 가게 되어 다른 학교로 전학을 했다. 빌에게 이사를 간다고 하자 이렇게 말하는 거였다.

Are you going **for good**?

Are you going까지는 알겠는데, 그 다음 말이 무슨 뜻인지 아리송했다. 좋은 일로 이사를 가는 거냐는 말인지, 이사 가서 좋으냐는 말인지, 그도 아니면 네가 이사를 가서 좋다는 말인지 몰라 온갖 상상을 다했다. 집에 돌아와 사전을 펼쳐 보고서야 **for good**이 영영, 아주라는 뜻인 걸 알아차리고 무릎을 쳤다.
"좋은 일로 가는 거니?"라고 물었다면 「Are you going **for a good reason**?」이라고 표현했을 것이다.

○ SITUATION

A: How are you getting along with your roommate?
룸메이트랑 요즘 어떻게 지내?

B: She moved out yesterday **for good**. Thank God! She was such a pain in the neck!
어제 아주 이사갔어. 얼마나 다행인지 몰라. 완전 골칫덩어리였어!

A: Was she that bad?
그 정도로 심각했어?

B: Not a single day went by without us fighting. She was a nightmare!
하루도 안 싸운 날이 없어. 완전 악몽이었어!

• a pain in the neck 골칫덩어리

sleep on it

베고 자보고 말해준다고?

여름 방학을 맞아 형래는 그동안 모아둔 돈으로 뉴욕 여행 계획을 세웠다. '현지를 잘 아는 친구랑 가면 같이 좋을 텐데…' 하고 고민하던 형래는 같은 기숙사 친구 스티브를 생각해냈다. '동부출신이니깐 그곳 지리도 잘 알겠지?' 평소 친하게 지내던 사이라 당장 달려가서 같이 여행갈 생각이 없는지 물었는데 스티브의 대답이 어째 아리송했다.

> Let me **sleep on it**. And I'll let you know tomorrow.

베고 자다니? 베고 잔 소감을 내일 말해준다고? 가기 싫으면 좋게 싫다고 말할 것이지, 치사하게 별 아리송한 말로 대답을 회피하다니… 형래는 못내 아쉬웠다.
방에 돌아와 형래는 룸메이트에게 사건 전말을 설명하고 위로를 구하는데, 룸메이트가 배꼽을 잡고 웃는 게 아닌가! 얘길 듣고보니 괜한 오해를 했구나 싶었다. **sleep on it**은 베고 잔다는 뜻이 아니라 하루동안 생각해 본다는 의미였던 것이다.

○ SITUATION

A: Do you want to go dancing tomorrow night?
내일 저녁 춤추러 갈래?

B: Hmmm. I don't know. Let me **sleep on it**.
흠… 잘 모르겠어. 한번 생각해 보고.

A: Come on, Let's go tomorrow!
그러지 말고 내일 같이 가자!

B: But I have a very important test the next day.
하지만 그다음 날 아주 중요한 시험이 있거든.

Scene 065

Enough is enough!
충분한 게 충분한 거라니?

미국인 가정에서 민박을 하고 있는 기수는, 그집의 일곱 살짜리 아들이 엄마에게 계속 용돈을 올려달라고 떼를 쓰자 엄마가 참다못해 버럭 소리를 지르는 걸 들었다.

> **Enough is enough! Stop nagging me about your allowance!**

뭐, 충분한 게 충분하다고? 용돈을 충분히 주었으니까 군말 말라는 얘긴가? 아니면 충분히 들었으니까 더 이상 얘기하지 말라는 소린가? 기수는 **Enough is enough!**이 **제발 그만 좀 해!**라는 뜻인 줄 미처 몰랐던 거다. 그러니까 듣다못한 엄마가 "이젠 제발 그만해라! 용돈 타령 좀 그만두란 말이야!"라고 호통을 쳤던 것이다.

○ SITUATION

A: Chris, this is my last warning. You make noise one more time and I'll have to report you to the principal.
크리스, 이번이 마지막 경고다. 한 번만 더 떠들면 교장선생님께 말씀드리겠다.

B: …!

A: **Enough is enough!** I won't take this any more!
그만해! 더 이상 용납할 수 없구나!

B: But he started it first!
하지만 얘가 먼저 시작했어요!

• Enough is enough! : =That's enough! / I've had enough!

I'll keep you posted.

계속 편지해준다고 하고선?

수만은 미국 유학중에 대학교를 한 번 옮겼다. 새로 갈 학교의 담당자와 전화를 통해 준비할 서류며 일정 등을 전해듣고는 전화를 끊으려 하는데, 그 사람이 다음과 같은 말을 하고는 수화기를 내려놓는 거였다.

I'll keep you posted.

편지를 계속 보내주겠다는 뜻으로 알아들은 수만은 그 뒤로 한참을 편지함만 뒤적였으나 편지는 오지 않았다. 그러나 다행히 일이 잘 진행되어서 제때에 전학할 수 있었다. 수만은 나중에 그 담당자를 만나 왜 편지를 하지 않았느냐고 묻자 담당자는 그런 약속을 한 적이 없다고 했다. 뭐가 잘못되었을까? 수만은 **keep you posted**가 **(새로운 소식이 있으면) 계속 알려 주겠다**라는 뜻인 줄 모르고 오해한 거였다.

만약 "네게 계속 편지를 보내줄게"라는 뜻으로 말했다면 「I'll keep writing to you.」라고 표현했을 것이다.

○ SITUATION

A: Honey, always be careful and write us as often as possible.
애야, 조심하고 자주자주 편지해라.

B: Don't worry mom and dad. I'll be fine. I'll **keep you posted** on my school life.
엄마, 아빠 걱정하지 마세요. 잘 지낼게요. 학교생활에 대해서도 계속 알려 드릴게요.

A: Promise you'll call us once a week.
일 주일에 한 번은 꼭 전화한다고 약속해라.

B: I will. Love you!
네, 사랑해요!

Eggs 4 Sale

→ 4 = for?

뉴질랜드를 배낭 여행중인 현식. 하루는 Mount Cook에 있는 호스텔에 도착하여 짐을 풀고 근처 가게에 먹을 것을 사러 갔는데 유리창에 이런 문구가 적혀 있었다.

Eggs 4 Sale

달걀을 4개 단위로 판다고? 잘 됐네. 오늘 저녁에 두 개, 내일 아침에 두 개씩 달걀 프라이를 해먹으면 되겠군…. 그런데 막상 들어가 보니 계란은 12개 단위로 묶여 있었다. 주인에게 따졌더니 4(four)는 for와 같은 말이라나? 그러니까 **Eggs 4 Sale(=Eggs for Sale)**은 계란 세일이란 의미다.

○ SITUATION

A: Happy birthday! I hope you like the present.
생일 축하해! 선물이 마음에 들었으면 좋겠다.

B: Thank you so much.
정말 고맙다.

A: Read the card first.
먼저 카드부터 읽어봐.

B: "Dear Amy. Happy Birthday… I hope you enjoy today to the fullest. You and I will always be **FRIENDS 4 EVER**… Love Julia."
"에미에게, 생일 축하해… 오늘만큼 즐겁게 보냈으면 좋겠어. 그리고 너와 나 우리 영원한 친구라는 거 잊지 말자… 친구 줄리아."

- U-Haul(=You haul) 미국 유명한 이사용 트레일러 대여 회사 • IOU(=I owe you) 차용증서
- 4U(=For you) 당신을 위해 • CU(=See you) 또 보자 • RUOK(=Are you OK?) 찬성이야?
- HAND(=Have a nice day) 좋은 시간 보내라구. • b4(=before) • 2nite(=tonight) • TX(=Thanks)

Time out

영어랑 잠깐 놀다가기

Q **When can a man be six feet tall and be short at the time?**
180cm가 넘는 사람이 동시에 "short" 할 수 있는 것은?

A **When he has a short memory.**
기억력이 나쁠 때.

Nothing venture, nothing have.
호랑이 굴에 들어가야 호랑이를 잡는다.

◉ SITUATION

A: John, can you lend me some money? I **am** a little **short of** cash.
존, 얼마 좀 꿔줄 수 있니? 돈이 없어.

B: How can you be **short**? You just got paid last week.
어떻게 돈이 없니? 지난주에 월급 받았잖아.

A: Well, here's thirty dollars.
알았어. 30달러 빌려줄게.

- **be short of** ~이 부족한

• 출전 : Collis, H., *101 American English Riddles*, Passport Books, NTC, 1996.

Act 3 do one's homework

breath down one's neck
dress down
gift shop
ignore
do one's homework
Hold it!
give me a ring
have a ball
Watch out!
heart broken
Watch Your Step!
What's cooking?
a sound sleeper
guys
Where's the beef?
not to go too far
Say Uncle!
beggars can't be choosers
yellow pages
for peanuts
lose oneself
the name of the game
This is not my day.
in the hot seat
Way to go!
You know what?
Heads up!
I can use a coke.
Bottoms up!
Car Boot Sale
petrol station
by coach
go to the shower
I'm over you!
nature calls
Watch your mouth!
red necks

왜 없는 숙제를 하라고 그래?

breath down one's neck

내 목에다 숨을 내쉬어?

테리가 일하는 회사의 양사장은 깐깐하기로 정평이 나있다. 직원들의 업무는 물론 이들의 복장과 자세 하나하나까지 본인 마음에 들지 않으면 열 번이고 스무 번이고 다시 하도록 했다. 물론 완벽을 추구하는 성격을 이해못하는 바는 아니지만 이건 너무 심했다. 어느 날, 테리는 꾹 참았던 말을 양사장에게 내뱉고 말았다.

> I can't work with you **breathing down my neck** all the time. Leave me alone!

양사장이 자기 목에다 숨을 내쉰다고? 이 말에 깜짝 놀란 양사장, 얼굴에 어색한 미소를 지은 채 다른 직원들 사이로 사라졌다. 그리고 그 이후로는 웬만해서는 직원들에게 잔소리를 하지 않았다는데…. 도대체 테리가 양사장한테 무슨 말을 했기에 양사장이 단번에 꼬리를 내린 걸까? **breathing down one's neck**은 딱 붙어서 사사건건 참견한다면이 라는 뜻으로, 테리는 계속 그런 식으로 하면 그만두겠다고 양사장을 협박(?)한 거였다.

O SITUATION

A: I can't stand my boss anymore!
나 우리 회사 사장님 더 이상 견딜 수가 없어!

B: What's wrong? I thought he was a nice man.
무슨 일이야? 난 지금껏 아주 좋은 분으로 알고 있었는데.

A: That's what I thought. But he is always **breathing down my neck**!
나도 처음에는 그렇게 생각했지. 근데 나한테 사사건건 참견이잖아!

B: Cool down. I'm sure things will get better.
참아. 좀 있으면 나아지겠지.

A: He drives me crazy!
나 정말 미치겠어!

Scene 069

옷을 벗어 내리라니?

dress down

미국 친구 생일 파티에 초대받은 윤희는 화려한 드레스로 한껏 멋을 냈다. 기숙사 방을 막 나서려는데, 에이미가 무슨 파티에 가기에 그렇게 한껏 차려입었느냐고 물었다. 친구 생일 파티에 초대받았다고 말하자, 에이미가 윤희를 당황스럽게 만드는 멘트를 던졌다.

It's not a formal party. You can dress down.

뭐, 옷을 벗어내리고 가라고? 아무리 미국의 대학 분위기가 자유분방하다고 해도 어찌 나체 파티를 할 수 있단 말인가! 윤희는 말도 안 된다는 표정을 지으며 그대로 파티장으로 향했다. 그런데 파티장에 도착해보니 옷을 빼입고 온 사람은 자기 혼자였다. 윤희는 그때서야 **dress down**이 **캐주얼하게 입다**라는 뜻일 줄 알아차렸다.
만약 에이미가 "옷을 다 벗어도 좋다"는 뜻으로 말했다면 「You can go naked.」라고 표현했을 것이다.

○ SITUATION

A: Why are you all dressed up? Are you going to a party?
웬일로 멋을 한껏 냈네? 파티라도 가는 거야?

B: Well, I was invited to a barbecue party. Do I look OK?
바비큐 파티에 초대받았거든. 어때? 괜찮아?

A: A barbecue party? You'd better **dress down** a little. It's just a simple gathering.
바비큐 파티라고? 그러면 캐주얼하게 입는 게 나을걸. 간단한 친목모임인데.

B: Thank God! I didn't know what I should wear. Thank you for your advice.
다행이다. 뭘 입어야 할지 고민했었어. 얘기해 줘서 고마워.

- dress down 캐주얼하게 입다.   • dress up 정장으로 멋있게 차려입다.
- dress to kill(=wear one's finest things) 잘 차려입다
- dress to the teeth(=dress elegantly) 우아하게 입다

gift shop

환상적인 가게라고?

아이들이 중학교에 가면 일을 하고 싶었던 영화는 학교 앞에 작은 팬시 용품 가게를 차렸다. 몇 년 장사를 하다보니 요령도 생겨 요즘은 꽤 장사가 잘되고 있다. 가게가 안정 궤도에 오르자 친구들과 함께 유럽 여행을 떠났다.
유럽을 택한 이유는, 지금은 작은 팬시 용품점을 하지만 장차 가구점을 차릴 생각이 있었기 때문에 안목도 높일 겸해서였다. 여행 도중 영국인 부부를 우연히 만났는데 영화에게 뭘 하고 있느냐(What do you do?)고 물어왔다. 그래서 영화는 "팬시 용품점을 운영하고 있다"고 자신 있게 대답했다.

> **I own a fancy store. (✗)**

뭐, 환상적인 가게를 갖고 있다고? 영국인 부부는 이리둥절한 표정만 지을 뿐 말을 잊었다. 영화는 그럴 때 「I own a **gift shop**.」이라고 표현해야 한다는 걸 몰랐던 거다. 그러니까 **팬시 용품점**은 'fancy store'가 아니라 **gift shop**인 것이다.

○ SITUATION

A: I'm thinking of starting a small business… any suggestions?
작은 사업 하나 시작해볼까 하는데… 좋은 생각 없어?

B: I hear **gift shops** are popular these days.
요즘 팬시 가게가 뜬다고 하네.

A: Hmm… I was thinking more in the line of a coffee shop like Starbucks.
글쎄… 나는 스타벅스처럼 커피숍을 생각하고 있었거든.

B: That won't work. Everywhere you look, there are coffee shops. You need to come up with something that can grab people's attention.
잘 안될 것 같아. 요즘 고개만 돌렸다하면 보이는 게 커피숍이잖아. 사람들 눈길을 확 끌 수 있는 거야 해.

Scene 171

ignore

눈을 한번 감아달라고?

운전광인 재식은 미국에 도착한 지 얼마 안 됐지만 렌터카를 빌려 하이웨이로 나갔다. 과연 듣던 대로 죽죽 뻗은 대로에다 교통 체증도 없어 스피드를 즐기기에 그만이었다. 그러다가 그만 속도 위반에 걸리고 말았다. 미국의 속도 위반 딱지는 엄청나게 비싸다던데… 재식은 은근히 벌과금 걱정이 앞섰다.

재식은 '미국 경찰도 사람인데…' 생각하면서 서울에서 하던 대로 한번만 눈감아 달라고 통사정을 해보기로 했다.

> **Please close your eyes. (✗)**

정말 신통하게도 경찰은 커다란 눈을 딱 한번 감아주었다. 거기까진 좋았는데 눈을 뜨고 나서 여지없이 딱지를 떼는 게 아닌가. 재식은 한번만 봐달라는 표현이 **Couldn't you ignore it this time?** 인 줄 미처 모르고 그만 콩글리시를 구사한 거였다.

◯ SITUATION

A: Good morning sir? Can I see your driver's license?
  안녕하십니까? 운전면허 좀 보여주시죠.

B: Here it is. Did I do anything wrong?
  여기 있습니다. 제가 뭘 잘못했나요?

A: Sir, you just drove through a stop sign without stopping.
  바로 전 STOP 사인이 있는 길에서 멈추지 않고 지나가셨습니다.

B: I'm sorry. I guess I didn't see the sign. Could you *ignore* it this time once?
  죄송합니다. 사인을 못 본 것 같아요. 이번 한번만 눈감아 주실 수는 없을까요?

A: OK. I'll let you go this time. But you'd better be careful next time.
  알겠습니다. 이번 한번만 그냥 보내드리죠. 하지만 다음부터는 조심하세요.

Scene 072   do one's homework

→ 왜 없는 숙제를 하라고 그래?

파트 타임 사무 보조원을 뽑는 데도 지점장이 직접 면접을 본다고 하는 미국 회사에 이력서를 내고 긴장된 상태로 며칠을 보낸 정미. 룸메이트인 신디는 별 생각 없이 정미의 신경을 건드리게 되었는데…. 인터뷰 준비에 여념이 없던 정미에게 신디가 계속 이렇게 말했다.

Do your homework before going into the interview.

무슨 숙제를 하라는 건지? 이번 달 숙제는 이미 다 제출해 놓은 상태이건만, 도대체 숙제부터 하고 난 다음에 인터뷰하러 가라는 신디의 말뜻을 이해할 수가 없었다. 그래서 참다못한 정미가 「What homework are you talking about, Cindy?」(신디, 무슨 숙제를 말하는 거니?) 하고 묻자 신디는 그제서야 정미가 오해했음을 알았다. 그래서 **do one's homework**가 **철저히 준비하다**라는 뜻이라는 걸 알려주었다. 만약 "인터뷰 가기 전에 숙제부터 하라"는 뜻으로 말했다면 「Finish your homework before going for the interview.」라고 표현했을 것이다.

O SITUATION

A: My in-laws are coming over for the weekend.
시댁어른들께서 주말에 오신대.

B: You'd better **do your homework** before they arrive.
그럼 오시기 전에 철저히 준비해야겠다.

A: What do you mean?
무슨 소리야?

B: I mean, do the dishes, do the laundry, and vacuum the house.
무슨 소리이긴. 설거지하고, 빨래하고, 집 청소하라는 거지.

드디어 걸렸구나!

Hold it!

유학생 민태가 뉴욕 시의 한 건물에서 엘리베이터를 타고 문을 닫으려 하는데, 미국인이 헐레벌떡 뛰어오더니 소리쳤다.

Hold it!

민태는 드디어 치안 부재, 범죄 도시 뉴욕에서 대낮에 강도를 만나는구나 싶어 미국 영화에서 본 대로 두 손을 번쩍 들고 미리 뒤돌아 서버렸다. 곧 엘리베이터가 움직이기 시작했다. 주머니에 든 돈이 얼마 되지 않아 그나마 다행이라고 생각하고 있는데, 뒤에서 점잖은 목소리로 「Excuse me, what are you doing?」(이봐요. 지금 뭐 하는 거요?)라고 말을 거는 게 아닌가. 아니, 이 사람 강도가 아니잖아! 어떻게 된 거지? 민태는 **Hold it!**이 **잠깐만!** 인 줄 미처 몰랐던 거다.

강도가 **손들어!** 하는 것은 **Put your hands up!**으로 표현하고 경찰이 범인에게 **꼼짝마!** 하는 것은 **Freeze!**로 표현한다.

○ SITUATION

A: **Hold it!** What are you hiding there?
  잠깐만! 너 거기 숨기는 게 뭐야?

B: It's nothing!
  아무것도 아니야.

A: There's something fishy going on here.
  뭔가 분위기가 수상해.

B: It's just a bag full of books.
  그냥 책 담아온 가방이야.

A: Oh, I thought you bought some snacks.
  난 또, 과자라도 사온 줄 알았지.

Scene 074 — give me a ring

반지로 바꿔달라고?

미국 이민 생활 6년, 고생 끝에 시계 방을 차린 용식. 어느 날, 그 가게에서 고급 시계를 구입해 간 미국인에게서 전화가 걸려 왔다. 시계에 이상이 있어서 항의를 하려고 전화를 했던 것인데, 용식은 제대로 알아듣지 못한 채 계속 머뭇거렸다. 화가 난 미국인이 이렇게 말하고 전화를 끊으려 했다.

Give me a ring tomorrow.

뭐, 시계 대신 반지를 달라고? 용식은 뭐 이런 경우가 있나싶어 「No, I can't」라고 단호하게 거절했다. 미국인은 더 이상 말을 잇지 못하고 전화를 끊었다. 용식은 **Give me a ring**이 전화해 달라는 뜻인 줄 미처 몰랐던 거다.

○ SITUATION

A: Do you want to go see a movie tonight?
   오늘 영화 한편 볼래?

B: I would love to. Can I call you after class?
   좋은 생각이야. 수업 끝나고 전화할까?

A: OK. **Give me a ring** when you're free.
   그래. 시간 나면 전화해.

B: I'll do that. Talk to you later.
   그래. 나중에 통화하자.

- Give me a ring.(=Give me a buzz.)
- Give me my ring.(내 반지를 주시오.)

have a ball

공놀이는 안했는데…

미국으로 발령받은 남편을 따라온 현주는 이웃과 친하게 지냈다. 하루는 옆집 토니 엄마가 토니와 현주의 아들 택수를 데리고 데이비드의 생일 파티에 갔다. 저녁 시간이 다 돼서 집으로 돌아온 택수는 현주에게 "엄마, 토니 엄마가 우리더러 파티에서 공을 갖고 놀았다는데 사실 우리는 공 장난 안 했거든요." 현주는 토니 엄마에게 전화를 걸어보고 나서, 택수가 왜 오해하게 되었는지 알게 되었다. 토니 엄마가 애들을 데리고 나오면서 데이비드 엄마에게 이렇게 말한 것이 오해를 산 것이다.

My kids had a ball at the party.

택수는 have a ball이 아주 재미있는 시간을 보내다라는 뜻인 줄 미처 몰랐던 거다. 만약 "우리 애들이 공을 갖고 놀았다"는 뜻으로 말했다면 「My kids played with a ball.」이라고 표현했을 것이다.

○ SITUATION

A: How was the picnic the other day?
며칠 전 소풍은 어땠어?

B: We had a ball at the park.
공원에서 정말 신나게 놀았어.

A: You mean you played with a ball at the park?
공원에서 공놀이했다고?

B: No, I meant that we really enjoyed it a lot. You should have come too.
아니, 정말 재미있게 보냈다고. 너도 왔으면 좋았을 텐데.

Scene 076 — Watch out!

왜 또 창밖을 내다봐?

미국 유학 시절, 정화는 어느 날 카페에 들어가 전망 좋은 창가에 자리를 잡았다. 기분좋게 밖을 내다보는데, 옆에 앉은 미국인이 자꾸만 이렇게 지껄였다.

Watch out! Watch out!

지금 창밖을 보고 있는데, 새삼스럽게 또 밖을 내다보라니? 정화는 의아해하면서 창밖으로 몸을 기울여 보았다. 잠시 후 위에서 뭔가가 떨어졌다. 아래를 내려다보니 커다란 쇳덩어리가 떨어져 있는 게 아닌가! 정화는 그제서야 미국인이 한 말뜻을 이해할 수 있었다. **Watch out!**은 '밖을 내다보라'는 뜻이 아니라 조심하라! 는 뜻이었던 것이다. 만약 "밖을 내다보라"고 할 생각이었으면 「Look outside!」라고 했을 것이다.

○ SITUATION

A: Mom, I'm going to Sarah's house. I'll be back by 6 o'clock.
   엄마, 새라네 집에서 놀다올게요. 6시까지 돌아올게요.

B: OK honey. **Watch out** for cars when crossing the streets.
   알았어. 길 건널 때 차 조심하렴.

A: Don't worry I will!
   걱정마세요. 조심할게요.

Scene 077

heart broken

심장이 부서진다고?

한국에 남자친구를 두고 유학온 희수에게 어느 날 긴 편지가 날라왔다. 내용인즉 다른 사람이 생겼다는 것. 크게 상심한 희수는 아무것도 먹을 수도 생각할 수도 없었다. 보다못한 희수의 룸메이트 조안이 「What's the matter? What's bothering you so much?」(뭐가 문제야? 무엇 때문에 그토록 괴로워하는 거니?) 라고 물었다. 희수가 울먹이며 「I just got a farewell letter from my boyfriend.」(남자친구로부터 결별 편지를 받았어.)라고 대답했다. 그러자 조안이 위로한답시고 이렇게 말했다.

> **Oh poor you, you must be heart broken….**

뭐, 심장이 부서진다고? 그 정도는 아닌데…. 어쨌든 걱정해주니 고맙다. 희수는 heart broken이 마음이 상한이라는 뜻일 줄 미처 몰랐던 거다.

○ SITUATION

A: I can't make it to the appointment today. My grandfather just passed away.
오늘 약속 못 지키겠다. 오늘 할아버지께서 돌아가셨어.

B: Oh! I'm sorry. Your mother must be heart broken.
저런! 유감이다. 어머니께서 상심이 크시겠다.

A: Yes, but she's taking it well.
그래. 그래도 잘 견디고 계셔.

• break one's heart 마음을 상하게 하다   • pass away 돌아가시다

Watch Your Step!

계단이 있어야 보지?

영혜가 자주 가는 햄버거 가게는 종업원들이 자주 물걸레로 바닥을 청소해 항상 깨끗했는데 햄버거 가게에 처음 갔을 때 영혜는 어이없는 오해를 했다.
그날 종업원이 물걸레질을 하면서 이미 걸레질을 마친 곳에는 'WET FLOOR'라고 쓴 표지판을 세워 놓았다. '젖은 바닥' 정도의 뜻은 알았으므로 거기까지는 좋았는데, 그 밑에 이런 문구가 있는 게 아닌가.

Watch Your Step!

계단을 보라니? 분명히 단층 건물인데, 무슨 계단을 보라는 말인가? 그래서 종업원에게 따지듯 물었다. 영혜는 **Watch Your Step!**이 **걸을 때 주의할 것!**이라는 뜻인 줄 미처 몰랐던 거다. 만약 "계단을 보라"는 뜻의 문구였다면 「Look at the stairs.」로 표현했을 것이다.

○ SITUATION

A: We're here sir. That'll be $5.50.
다 왔습니다. $5.50 나왔습니다.

B: Thank you. Here's $6.00. Keep the change.
고마워요. 여기 $6.00 있어요. 잔돈은 필요 없습니다.

A: Thank you. **Watch your step** when getting off the cab.
감사합니다. 택시에서 내리실 때 발 조심하세요.

What's cooking?

무슨 요리를 하느냐고?

기숙사 고참인 지연은 어느 날 옷 정리를 하면서 새로 산 옷도 입어보고, 헌 옷들 가운데 처분할 것들도 고르고 하면서 시간을 보내고 있는데, 옆방 친구 웬디가 놀러 왔다. 웬디는 문을 열고 들어서면서 대뜸 이렇게 말했다.

What's cooking?

무슨 요리를 하느냐고? 지연은 평소 김치 냄새를 싫어했던 웬디가 또 냄새 타령을 하러 들어온 줄 알고 「No, I'm not cooking anything.」(아무 요리도 안해.) 하고 대답했다. 이쯤 되면 동문서답의 극치다. 지연은 What's cooking?이 무슨 재미있는 일이라도 있니?라는 뜻인 줄 미처 몰랐던 거다.

만약 "무슨 요리를 하고 있니?"라고 물을 요량이었다면 「What are you cooking?」이라고 표현했을 것이다.

○ SITUATION

A: **What's cooking?** Any plans for tonight?
뭐 재미있는 일 있어? 오늘 저녁에 뭐 할 거야?

B: I thought I would ask some friends over and have a slumber party.
친구들 몇 명 불러서 밤새 놀고 같이 자려고.

A: That would be fun. Can I come?
그거 재미있겠다. 나도 와도 돼?

B: Sure. You're always welcome.
물론. 언제나 대환영이야.

• **slumber party** 한 친구 집에 같이 모여서 같이 놀고 하룻밤을 지내는 파티. 주로 미국 어린 여학생들 사이에서 행해진다.

a sound sleeper

→ 한 술 더떠 코까지 골아?

하루는 민기가 옆방에 사는 잭슨을 만나 잭슨의 룸메이트 케빈이 밤새 음악을 시끄럽게 틀어 놓아 잠을 제대로 이루지 못했노라고 불평했다. 그랬더니 잭슨이 이렇게 말하는 거였다.

I'm a sound sleeper.

아니, 한 술 더떠 너는 코를 골며 잔다고? 둘 다 내가 편히 자는 데 도움이 안 되는 인간들이구만… 하루빨리 다른 집을 구하든지 해야지 원…. 민기가 투덜거리는 이유를 물어본 잭슨은 a sound sleeper가 '코를 고는 사람'이 아니라 잠을 깊이 자는 사람이라는 뜻이라고 알려주어 오해를 풀었다. 만약 "잘 때 코를 골아"라는 뜻이었다면 「I'm a noisy sleeper.」 또는 「I snore when I sleep.」으로 표현했을 거라며….

○ SITUATION

A: **Why didn't you wake me up, mom!**
엄마 왜 안 깨우셨어요?

B: **You were sleeping so soundly that I didn't want to bother you.**
너무 곤히 자기에 방해 안 하려고 그랬지.

A: **Great! Now I'm late for school.**
어떻게 해요! 학교에 지각이란 말이에요!

guys

숙녀한테 이놈들이라뇨?

오랜만에 대학 시절의 은사인 도노반 교수를 뵙기로 한 정화, 향미, 혜원이 만났다. 정시에 나타나신 교수님은 멀리서부터 세 멋쟁이 아가씨들을 알아보시고는 이쪽 테이블로 걸어 오셨다. 그런데 자리에 앉으면서 맨 먼저 하신 말씀이 아리송했다.

You **guys**, how are you doing?

아니, 남학생은 하나도 없는데 웬 guys? 그럼 어엿한 숙녀들한테 "이놈들"이라고 하신 거야? 분위기가 화기애애하게 무르익었을 때 혜원이 조심스럽게 교수님께 섭섭함을 털어놓았다. 그랬더니 교수님께서 허허 웃으시며 오해를 풀어주셨다. 혜원은 **guys**가 **(남녀 구별 없이) 친한 사이에 부르는 호칭**인 줄 미처 몰랐던 거다.

만약 숙녀에게 "이 사내 같은 녀석들, 잘 지내고 있니?"라고 말할 요량이었다면 「How are you tomboys doing?」이라고 표현했을 것이다.

○ SITUATION

A: Hey **guys**, how was your weekend?
애들아 주말은 어떻게 보냈니?

B: We went to see a musical, "Guys and Dolls".
우린 뮤지컬 「아가씨와 건달들」 봤어.

A: How was it? Good?
어땠니? 좋았어?

B: Fantastic. It was so dynamic and lively.
정말 좋았어. 공연이 정말 역동적이고 생동감 있었어.

Where's the beef?

웬 쇠고기 타령?

영수는 몇 주 동안 힘들여 준비한 발표를 마친 후 조바심 내며 교수님의 반응을 살피는데 교수님은 실로 엉뚱한 말씀을 하시는 게 아닌가.

Where's the beef?

아니, 쇠고기가 어디 갔느냐니? 아무리 주위를 둘러보아도 쇠고기 '쇠'자와 관련된 것은 그림자도 찾아볼 수 없었다. 하도 답답한 나머지 옆에 있는 메리에게 "교수님이 웬 쇠고기 타령이시냐?"며 물어보았다. 그러자 메리가 박장대소를 하며 Where's the beef?는 알맹이가 없지 않은가? 라는 뜻이라고 일러주었다.

만약 쇠고기 타령이라면 「Where's my beef?」(내 쇠고기 어디 간 거야?)라고 표현했을 것이다.

○ SITUATION

A: Can you imagine what my teacher said after my presentation?
내가 발표를 마치고 나서 선생님이 뭐라고 하신 줄 알아?

B: How could I guess what he said?
내가 어떻게 알아?

A: He said, "Where is the beef?"
"내용에 알맹이가 없잖아?" 그러시잖아.

Scene 083 — not to go too far

→ 너무 나가지 말라니까!

노무현 대통령이 『The Times』와 행한 기자회견 가운데 하나의 발언이 한미간에 미묘한 갈등을 낳았다. 도대체 어떤 발언이었기에 문제가 생겼을까?

노대통령의 기자회견이 있기 이틀 전, 북한이 동해 공해상을 지나던 미국 정찰기를 위협하는 사건이 있었다. 이에 미국이 발끈하자 노대통령이 아래와 같이 말했다고 『The Times』가 인용 보도한 것이다.

> **It was a very predictable chain of events. I am urging the United States not to go too far.**
> 충분히 예견 가능했던 일이었다. 나는 미국이 너무 지나치게 나가지 말기를 바란다.

여기서 바로 **not to go too far**가 미국의 심기를 건드린 것이다. 우리 속담 "지나친 것은 부족한 것만 못하다"에도 잘 드러나듯이 미국은 과도한 행동으로 괜히 일을 망치지 마라는 의미로 받아들인 것이다.

◯ SITUATION

A: I feel terrible. Jerry and I had a big fight and I said something that I didn't mean.
기분이 엉망이야. 제리랑 크게 다투면서 마음에도 없는 말을 했거든.

B: What did you say?
뭐라 했는데?

A: That I don't love him anymore and that I want to put an end to our relationship.
더 이상 사랑하지도 않고 그만 만났으면 좋겠다고 했어.

B: You **went way too far**.
너무 지나쳤네.

- **go overboard** (머물지 않고, 관심두지 않고) 지나치다

Say Uncle!

→ 아저씨한테 말하다니?

병만은 토니를 오랜만에 만나 그간의 친구들 근황을 주고받았다. 그런데 토니가 마이크의 근황을 얘기하면서 이렇게 말하는 게 아닌가.

> **Mike fought for a couple of minutes, but he had to say Uncle.**

마이크가 잠깐 싸움을 했지만, 곧 아저씨에게 가서 말을 해야 했다니? 병만은 도무지 무슨 소린지 이해가 되지 않아 토니에게 「Why did he have to go to his uncle?」(왜 마이크가 아저씨를 찾아가야 했지?)라고 되물었다. 토니가 한참 웃더니 「Say Uncle means surrender or apologize.」(say Uncle이란 항복하거나 사과하는 것을 뜻하는 거야.)라고 설명해 주었다. 그러니까 **Say Uncle!** 하면 **항복해!** 또는 **사과해!**라는 뜻이다. 만약 "아저씨에게 말해"라는 뜻이라면 「Tell your uncle!」이라고 표현했을 터였다.

O **SITUATION**

A: Give me back my doll!
  내 인형 내놔!

B: You broke my pencil and didn't even apologize.
  넌 내 연필을 부러뜨리고도 사과 안 했잖아.

A: I said give it back to me!! Or I'm going to tell mom.
  달라니깐! 아니면 엄마한테 이를래!

B: **Say Uncle** and I'll think about it.
  미안하다고 말해. 그러면 생각해 보지.

A: MOM!!

beggars can't be choosers

거지 취급한 건 아닌데…

남편을 따라 캐나다에 온 지 2년이 다 된 미진은 어느 날 동네 Garden Club(화초 가꾸기를 즐기는 부인들의 클럽)에서 만난 친구 제인 집에 놀러갔다. 딸아이가 입던 치마를 제인의 딸에게 물려주어야겠다고 생각해오던 참이라 마침 치마를 들고 갔다. 미진이 제인에게 아이 옷을 꺼내보이자 제인은 고맙다고 하면서 한참 동안 옷을 칭찬하더니, 이렇게 말하는 거였다.

> **To be frank with you, I don't like this color, but beggars can't be choosers.**

솔직히 말하자면 색깔이 마음에 들지 않지만, 거지가 선택할 수는 없잖니? 이렇게 알아들은 미진은 자기의 진심이 오해받는 것 같아 기분이 언짢아졌다. 사실 제인을 거지 취급해서 옷을 물려주는 것은 아닌데…. 미진은 beggars can't be choosers가 찬밥 더운밥 가릴 처지가 아니다라는 뜻인 줄 미처 몰랐던 거다.

만약 "거지가 선택할 수는 없잖니?"라는 뜻이었다면 「A beggar can't choose anything.」이라고 표현했을 것이다.

○ SITUATION

A: I heard people are giving out free food every Sunday.
일요일마다 무료 급식을 한다고 들었는데?

B: Yes they do. I tried it several times when I didn't have anything to eat.
맞아요. 먹을 게 없을 때 몇 번 먹은 적 있어요.

A: Well, how's the food?
음식 맛은 어때요?

B: It's not that delicious but you know, beggars can't be choosers.
그리 맛있는 편은 아니지만 아시다시피 우리가 찬밥 더운밥 가릴 처진가요?

yellow pages

성인잡지를 빌려달라니?

미국에 온 지 한 달도 채 안 됐을 때 현철이 겪었던 일이다. 하루는 옆집에 사는 조지가 벨을 눌러 나가보니 이렇게 말하는 거였다.

Do you have the yellow pages?

아니, 내가 무슨 색광인 줄 아나? 성인잡지를 빌려 달라니? 현철은 기분이 나빠 문을 닫고 들어와 버렸다. 현철이 흥분하여 창밖을 내다보고 있는데 조지가 다른 집으로 가서 뭔가를 빌려오는 게 보였다. 이상하다? 가만히 보니까 그건 성인잡지가 아니라 전화번호부였다. 아하, 표지가 노란색이라서 전화번호부를 yellow pages라고 하는구나! 이런 실수를 하다니… 조지가 얼마나 서운해할까?

○ SITUATION

A: Let's order a pizza for dinner.
오늘 저녁은 피자나 주문해 먹자.

B: That's a great idea. I didn't feel like cooking tonight.
좋은 생각이야. 안 그래도 오늘은 저녁 준비할 기분이 아니야.

A: Do you have the number?
전화번호 알고 있어?

B: No, why don't you look it up in the yellow pages?
아니. 전화번호부 찾아보지 그래?

- yellow paper 선정적 내용의 신문
- white pages 지역 주민의 이름과 주소, 전화번호가 적힌 전화번호부
- yellow journalism 선정적 언론보도

for peanuts

땅콩 회사에 다닌다고?

호준은 미국 회사에 취직해 열심히 일을 배우는 중이다. 피터가 "브라이언이 어떻게 지내느냐?"고 물어보기에 "신생 IT회사에 다닌다"고 알려주었다. 그러자 피터가 정색을 하며 말했다.

> **I know, but actually he works for peanuts.**

뭐, 땅콩 회사? 분명히 IT회사라고 말해 주었는데 여기서 웬 땅콩이 나오냐고? 호준은 하도 어이가 없어 피터에게 "너, 어디 아프냐?"고 물었다. 그러자 오히려 피터가 어리둥절한 표정을 지었다. 호준은 for peanuts가 아주 싼 값에라는 뜻인 줄 짐작도 못했던 거다. 그러니까 work for peanuts는 박봉을 받고 일하다는 뜻이다.

○ SITUATION

A: Karen, do you know that Susan buys used clothes at second-hand stores?
카렌, 수잔은 중고품 가게에서 입던 옷을 사는 것 아니?

B: Yes, I do. She gets wonderful clothes for peanuts.
응 알아. 멋진 옷들을 아주 싼값으로 사.

A: She also bought a used car for chicken-feed a few days ago.
며칠 전에는 또 중고차 한 대를 거저 주워왔더라고.

- used clothes 입던 옷 • secondhand stores 중고품 가게
- for chicken-feed(=for very little money) 몇푼 안주고, 거저

Time out

영어랑 잠깐 놀다가기

Q What is the origin of "The honeymoon is over".
"밀월은 끝났다"는 표현의 유래는?

A The word honeymoon comes from the custom that newlyweds were to drink mead and honey for the first thirty days after their marriage as the moon went through all of its phases. After those thirty days the couple's love was believed to wane, like the moon.

밀월이 끝났다는 표현은 신혼부부가 결혼 후 첫 한 달(30일) 동안 꿀차를 마셨다는 관습에서 유래한다. 이 기간이 지나면 부부의 애정이 달이 기울어지는 것처럼 식는다고 믿었다.

Penny wise and found foolish.
한 푼을 아끼고 열 냥을 잃는다.

O SITUATION

A: Good to have you back at the office. How was the honeymoon?
다시 와서 반가워요. 신혼여행은 어땠어요?

B: Great. Ingrid and I had a really relaxing time in Bali. Now, we have to get back to work.
좋았어요. 인그리드와 저는 발리에서 잘 쉬었어요. 이젠 열심히 일 해야지요.

A: Yes. I guess the honeymoon is over.
그렇다면 좋은 시절은 다 지났네요.

B: Not yet!
아니에요. 여전히 신혼기분인걸요.

• 출전 : Collis, H., *101 American Customs*, Passport Books, NTC, 2000.

자신을 잃어버리라고?

lose oneself

현철은 모처럼 뉴욕에서 열리는 그래미상 시상식에서 자신이 좋아하는 가수 에미넴이 과연 몇 개 부문을 휩쓸지 궁금했던 것이다. 사회 비판적인 가사로 악명(?) 높은 에미넴은 결국 3개 부문을 휩쓸었다.

현철이 에미넴을 좋아하게 된 데는 사연이 있다. 우연히 거리를 지나다가 신나는 리듬의 음악을 듣고 걸음을 멈췄는데, 처음에는 가사가 들어오지 않았지만 찬찬히 들어보니 온몸에 전율이 느껴질 정도로 마음에 와 닿았던 것이다.

> Look, if you had one shot, one opportunity
> To seize everything you ever wanted, one moment
> Would you capture or just let it slip?
> …
> You'd better **lose yourself** in the music
> The moment you own it you better never let it go
> You only get one shot, do not miss your chance to blow
> 'Cuz opportunity comes once in a lifetime
>
> – From the song 「Lose Yourself」

노래는 "만약 당신에게 단 한번의 기회가 있다면, 당신이 원하던 모든 것을 다 가질 수 있는 기회가 주어진다면 그 기회를 붙잡겠는가 아니면 흘려보내겠는가?" 라는 질문으로 시작한다. 그리고 "그 단 한번의 기회가 왔을 때 절대 허비하지 말라"고 경고한다. 왜냐하면 "그러한 기회는 일생에 단 한번 오는 것"이기 때문에….

현철은 이 노래를 들으면서 정신이 번쩍 들었다. 혹시 그 일생일대의 기회가 지금 내게 주어졌다면? 방학을 핑계로 낮잠 자는 대신 그 단 한번의 기회를 위해 준비하기로 마음먹었으니 노래 한 곡으로 '철'이 든 것이다.

가사 중 Lose yourself in the music은 정확히 무슨 뜻일까? 음악에 네 스스로를 잃어버려라? **lose oneself**는 자기가 좋아하는 일에 푹 빠져서 다른 일은 모두 잊으라는 것, 다시 말해 **(뭔가에) 전념하다**라는 뜻이다.

SITUATION

A: Jane! Can you give me a hand?
제인, 나 좀 도와줄래?

B: …

A: Jane!
제인!

B: Yes? Did you call me, mom?
네? 저 부르셨어요 엄마?

A: Yes. What's keeping you so busy?
그래. 뭐 땜에 그렇게 바쁘니?

B: It's nothing. I just lost myself in this mystery book.
아무것도 아니에요. 추리소설에 푹 빠져서 못 들었어요.

lose를 사용한 표현

lose face   체면을 잃다 ::

He is more afraid of losing face than losing money.
그는 돈을 잃는 것보다 체면을 잃는 것을 더 두려워한다.

lose ground   (경쟁에서) 밀려나다, 입지를 잃다 ::

Due to the heavy influx of cheap Chinese electronic goods, Korean products are losing ground in the U.S. market.
값싼 중국산 전자제품의 유입으로 한국산 제품이 미국시장에서 밀려나고 있다.

lose one's sense of reason   이성을 잃다 ::

I almost lost my sense of reason. I wanted to hit John when he walked away with my girlfriend.
존이 내 여자친구랑 같이 걸어가는 것을 본 순간 이성을 잃고 존을 칠 뻔했어.

lose one's mind   제정신이 아닌 ::

There is a rumor that Mr. Harrison completely lost his mind when his business went bankrupt.
항간의 소문에 따르면 해리슨씨가 회사 파산 이후에 완전히 미쳐 버렸대.

the name of the game
제로섬 게임이 무슨 경기 이름이라니?

국제정치를 전공하는 현무는 미국인 친구 마이클에게 zero-sum game(제로섬 게임)의 개념을 물으러 갔다. 마이클의 설명을 들으니 어느 정도 이해가 되는 것 같아 현무는 자신이 이해한 바를 다시 요약해 말하며 제대로 파악했는지 확인하고자 했더니 마이클이 이렇게 말하는 거였다.

That's the name of the game.

뭐, 그게 게임의 이름이라니? 제로섬 게임이 무슨 경기는 아니라고 하지 않았던가. 제로섬 게임의 의미를 알게 된 즐거움도 잠깐… 현무는 다시 혼란에 빠졌다. 현무는 the name of the game이 핵심(the important or central thing)이라는 뜻인 걸 미처 몰랐던 거다. 그러니까 That's the name of the game은 바로 그거야, 제대로 이해했어라는 뜻이다.

○ **SITUATION**

A: Welcome to Marketing 101. Why do companies pay so much attention to marketing?
마케팅 101 수업에 오신 여러분을 환영합니다. 기업들은 왜 그렇게 마케팅에 열을 올릴까요?

B: In order to sell their goods?
상품을 판매하려고 하는 것이 아닌가요?

A: That's right. The name of the game is to sell.
맞습니다. 핵심은 바로 판매입니다.

B: Excuse me?
잘 이해가 안 돼요.

A: You must sell. Sell, sell if you want to succeed.
성공하기를 원한다면 무엇보다 판매를 해야 합니다.

This is not my day.
→ 누구 약 올리고 있나?

승식의 룸메이트 필립은 급하게 서두르느라 다 써놓은 리포트를 컴퓨터 저장 실수로 몽땅 날려먹었다. 잔뜩 열이 받은 필립은 이렇게 말하며 한숨을 푹 쉬었다.

> **This is not my day.**

옆에 있던 승식은 필립을 위로한답시고 "그래, 네 생일이 얼마 남지 않았으니까 그때 내가 파티 열어 줄게"라고 말했다. 필립은 승식을 쳐다보며 「What party are you talking about?」 (파티는 무슨 얼어죽을 놈의 파티?)라고 대꾸했다. 기껏 위로해 주려고 한 말인데 뭐가 잘못됐지? 승식은 할 말을 잃었다. 승식은 **This is not my day**가 **오늘 참 재수 옴 붙었다**는 뜻인 줄 모르고 "오늘은 내 생일이 아니야"(Today is not my birthday)로 오해한 것이다.

○ SITUATION

A: How was your day today? Anything exciting?
오늘 하루는 어떻게 보냈니? 뭐 재미있는 일이라도 있었니?

B: No. **Today was not my day**.
아니. 오늘 참 더럽게 재수없는 날이었어.

A: Why, what's wrong?
왜 그래? 무슨 일이야?

B: The bus broke down on my way to school so I was late for school. What's even worse, I left my wallet on the bus.
학교 가는 길에 버스가 고장나서 수업에 늦었어. 더 열받는 건 지갑을 그 버스에 두고 내렸다는 거야.

in the hot seat
사우나에서 땀을 뺏나?

한동안 코빼기도 보이지 않던 제임스가 오랜만에 나타나 윤정에게 그동안 지내온 얘기를 하면서 이렇게 말했다.

I was really in the hot seat.

미국 애들도 컨디션이 안 좋으면 사우나 같은 데 가서 땀을 푹 빼는구나…. 윤정은 제임스가 컨디션이 안 좋아 온천이나 사우나에 들어가 쉰 것으로 생각했다. 그런데 나중에 알고 보니, 제임스는 아팠던 게 아니고 곤경에 처해 있었던 것이다. 그러니까 윤정은 **in the hot seat[water]**이 **곤경에 처한**이라는 뜻인 줄 몰랐던 거다.

○ SITUATION

A: Did you hear about James' presentation at work?
제임스 회사에서 프레젠테이션한 얘기 들었니?

B: No. What happened?
아니? 무슨 일 있었어?

A: He did great until the presentation was over. But then people started to ask really difficult questions.
프레젠테이션까지는 잘 했는데 끝나고나니 사람들이 너도나도 어려운 질문을 하기 시작했대.

B: James must have had a hard time answering them.
질문에 대답하느라 힘들었겠다.

A: Yeah, he was **in the hot seat** for a while.
그래, 정말 곤란했을 것 같아.

hot을 사용한 표현

hot potato — 뜨거운 감자 (=곤란한 문제)

Iraq is a hot potato to the United States.
이라크는 미국에게 있어 큰 골칫덩어리다.

hot under the collar — 화가 난

Robert had an important meeting in another city. He got hot under the collar because the plane was late taking off.
로버트는 다른 도시에서 중요한 회의가 있었다. 그런데 비행기 이륙이 늦어지자 그는 화가 났다.
- take off 이륙

hotbed — 온상

Afghanistan was the hotbed of terrorism before 9/11.
9.11 테러 사건 이전 아프가니스탄은 테러의 온상이었다.

hotline — 직통전화선

During the Cold War, there was a hotline between Washington and Moscow.
냉전 동안 백악관과 크레믈린궁 사이에 직통전화가 있었다.

hot money — 투기를 목적으로 이동하는 국제 단기 자금

The Asian financial crisis in 1997 was partly due to the international hot money.
1997년 아시아 금융위기는 부분적으로 핫머니에 의해 촉발되었다.

sell like hot cakes — 불티나게 팔리다

The delicious chocolate sold like hot cakes.
맛있는 초콜릿은 불티나게 팔렸다.

Way to go!

골 넣고 가긴 어딜 가?

지원과 현식은 노먼과 캐롤 부부와 함께 축구 경기를 TV로 보고 있었다. 지원과 캐롤은 잉글랜드 편을 들고 현식과 노먼은 브라질 편을 들며 열띤 응원을 펼쳤다. 드디어 브라질이 한 골을 넣자 노먼이 이렇게 소리쳤다.

Way to go!

가다니? 한 골 넣고 어딜 가? 지원은 잠시 어리둥절하여 무슨 뜻인지 현식에게 물어보았으나 현식도 모르긴 마찬가지였다. 좀 창피하긴 했지만 캐롤에게 살짝 물어보았다. 지원은 **Way to go!**가 잘한다!라는 응원인 줄 미처 몰랐던 거다.

만약 "그쪽으로 가야 한다"라는 뜻으로 말했다면 「You have to go that way.」로 표현했을 것이다.

○ SITUATION

A: Mom, dad! I got an A on my English test!
   엄마, 아빠! 저 영어시험에서 A 받았어요!

B: **Way to go**, son!
   장하다 아들아!

A: Now are you going to buy me a new bicycle?
   이제 새 자전거 사주실 거지요?

B: Ok. A promise is a promise.
   물론. 약속은 약속이니까.

Scene 093 — You know what?

→ 너희들이 뭘 알아?

호석이 미국에서 돌아온 지 얼마 되지 않아 미국에서 사귄 친구 워렌이 여름 방학을 맞아 서울로 놀러왔다. 호석은 한국인 친구 몇 명을 데리고 워렌과 함께 서울 구경을 하다가 목이 말라 호프집으로 들어갔다. 워렌은 미국 얘기를 해 준다면서 유명한 여배우의 스캔들을 화제로 꺼냈다. 그러면서 이렇게 서두를 꺼냈다.

You know what?

호석의 친구 가운데 필수는 워렌이 "너희들이 뭘 알아?" 하고 무시하는 말인 줄 알고 「No, you didn't tell me what.」(모른다 왜? 그 뭔지를 아직 말하지도 않았잖아.)이라고 심통맞게 받아쳤다. 순간 둘 사이에 어색한 긴장감이 감돌았다.
You know what? 은 너, 이 얘기 들었니?라는 뜻으로 미국 젊은이들 가운데 자주 쓰이는 표현이다. 이 표현을 가끔씩 양념으로 쓰면 재미있게 들리지만 너무 자주 쓰는 사람과 말을 하려면 짜증이 난다. 필수는 이 말이 수다를 떨 때 습관적으로 앞세우는 말인 줄 미처 모르고 단단히 오해를 한 거였다.
만약 "너, 그게 뭔지 아니?"라는 뜻으로 말했다면 「Do you know what it is?」라고 표현했을 것이다.

● SITUATION

A: **You know what?**
너, 얘기 들었니?

B: **What?**
무슨 얘기?

A: **Henry and Rachel are seeing each other!**
헨리랑 레이첼이 서로 사귄대.

B: **No way! I thought they hated each other.**
말도 안돼! 난 걔 둘 서로 싫어하는 줄 알았는데.

Scene 094

Heads up!

고개를 들라고?

태호는 톰, 빌, 샘과 함께 거리를 걷고 있었다. 평소 버릇대로 태호는 발끝을 보면서 걷고 있는데, 갑자기 톰이 소리쳤다.

Heads up!

늘 고개를 숙이고 걷는다고 친구들에게 핀잔을 듣던 터라 태호는 '고개를 들어라!' 하는 줄 알고 재빨리 고개를 들었는데 빌과 샘은 반대로 고개를 숙이고 있었다.
태호는 그때서야 톰이 (불량하게 생긴 녀석들이 다가오고 있으니까) 조심해!라는 뜻으로 Heads up! 하고 외쳤다는 걸 알았다. 태호는 왜 조심해야 할 때 고개를 들라(up)고 하는지, 한국식 정서로는 이해하기 힘든 영어표현을 한탄할 수밖에 없었다.
만약 "고개를 들어라"는 뜻으로 말했다면 「Put your head up!」이라고 말했을 것이다.

○ SITUATION

A: **Heads up!**
조심해!

B: Why, what's wrong?
왜, 뭐가 잘못됐어?

A: You almost stepped on some dung.
너 하마터면 똥 밟을 뻔했어.

B: That was close. Thanks for telling me.
가까스로 피했네. 알려줘서 고마워.

| 이삭 줍기

head를 사용한 표현

have a (good) head on one's shoulders
양식과 분별이 있다 ::

Harry has a good head on his shoulders and is very reliable.
해리는 똑똑하고 매우 믿음직해.

head over heels in love
~ 에 완전히 빠지다 ::

They met in the office and fell head over heels in love.
그들은 직장에서 만나 사랑에 푹 빠졌다.

heads roll
곤경에 빠지다. 회사에서 해고당하다 ::

The accounting fraud at major companies will have some heads rolling.
주요 회사 회계 부정 사건으로 많은 사람들이 곤경에 처할 것이다.

on one's head
물구나무서서 ::

My niece likes to stand on her head.
내 조카는 물구나무서기를 좋아한다.

bury one's head in the sand
닥쳐오는 위험을 피해 숨다(타조가 놀라면 머리를 모래에 숨기는 것을 묘사) ::

Stop burying your head in the sand. You'll have to face reality sooner or later.
그만 피해. 언젠가는 현실에 직면하게 될 거야.

Scene 095

I can use a coke.

콜라 캔으로 뭔가 한다더니?

정호가 미국 대학에서 기숙사 생활을 하고 있을 때 하루는 옆방의 피터가 놀러왔다. 친구 대접을 한답시고 정호는 「Care for a soda?」(뭐 좀 마실래?)라고 물었다. 그러자 피터는 이렇게 말했다.

> Yeah, I can use a coke. Thanks.

콜라 캔으로 뭔가를 할 수 있다고? 피터에게 콜라 한 캔을 건네 준 정호는 피터가 다 마시고 나서 무슨 마술이라도 보여주지 않을까 잔뜩 기대했다. 그러나 피터는 콜라를 다 마시고는 그냥 방을 나가 버리는 거였다. 자식, 싱겁긴… 뭔가 보여준다더니? 정호는 I can use a coke가 그저 난 콜라를 마실게라는 뜻 외에는 아무것도 아니라는 걸 몰랐던 거다.

○ SITUATION

A: Can I get you something to drink while you are waiting?
   기다리시는 동안 마실 것 좀 갖다 드릴까요?

B: Thank you. I can use some coffee.
   감사합니다. 커피 부탁해요.

A: No problem.
   알겠습니다.

Bottoms up!

바닥을 올리라고?

승민이 미국에 있을 때 여러모로 도와준 조지가 한국에 놀러왔다. 다른 한국인 친구들과 어울려 저녁을 먹고 2차로 술을 마시러 간 승민은 여간 기분이 좋지 않았다. 분위기가 고조되자 승민은 조지더러 "네가 건배를 제안하는 게 어때?" 하고 조지의 기를 살려줬다. 한 잔씩 가득 따르고나자 조지가 잔을 높이 들고 이렇게 외쳤다.

Bottoms up!

뭐, 바닥을 올리라고? 순간 승민을 제외한 다른 친구들이 어리둥절한 표정을 지었다(모두들 한국에서처럼 당연히 「One shot!」을 외치리라 생각한 것이다). 그들은 미국에선 건배!를 술잔을 다 비우라는 뜻으로 Bottoms up!이라 하고 위하여!를 Cheers!라고 하는 줄 몰랐던 거다. 「One shot!」은 '한국인들만의 건배!'였던 거다.

◯ SITUATION

A: I would like to propose a toast to Jenny and Larry!
제니와 래리를 위해 건배를 제안합니다.

B: (everybody) Cheers!
(모두 함께) 위하여!

A: Everyone, bottoms up!
다들 원샷입니다!(한 번에 비우세요!)

Car Boot Sale

→ 자동차 부츠를 세일한다고?

민기가 영국 유학 시절 교외로 나갔더니 도로 옆 넓은 공터에 수백 대의 자동차가 주차되어 있고 사람들이 운집해 있었다. 민기가 호기심에 차를 세우고 살펴봤더니 간판에 이렇게 쓰여있었다.

Car Boot Sale

뭐, 자동차 부츠 세일이라고? 운전용 특수 부츠인가? 무슨 부츠를 파는데 웬 사람이 이렇게 많아? 민기가 사람들을 헤치고 가운데로 들어갔더니 일정한 간격으로 차들이 서 있고, 차들 주변에 그릇, 헌옷, 고물 카메라, 그림 등 온갖 잡동사니가 널려 있었지만 부츠는 눈을 씻고 찾아봐도 없었다. 마침 옆의 영국인에게 물었더니, Car Boot란 자동차 트렁크를 뜻하고, **Car Boot Sale**이란 자동차 트렁크에 중고품을 싣고 와서 파는 거란다. 그러니까 한국의 **벼룩시장** 같은 걸 말하는 거다. 참고로 미국의 벼룩시장은 **Flea market**이라 한다.

○ SITUATION

A: I need to get a table and preferably a couch too. Do you know where I can get them?
나는 탁자랑 가능하면 소파도 사고 싶은데 어디서 살 수 있는지 알아?

B: Are you looking for something inexpensive?
저렴한 것 찾는 거야?

A: Yes. I have a small budget. The cheaper the better.
그래, 예산이 빠듯해서 쌀수록 좋아.

B: Then we should check out **car boot sales**. They sell good stuff at low prices.
그러면 벼룩시장에 들러보자. 거기서 저렴한 가격에 괜찮은 물건을 살 수 있어.

- **garage sale** 이사가거나 짐을 정리할 때 필요없는 잡동사니를 마당에 내놓고 파는 것
- **swap meet** 쓰던 물건을 교환하거나 싸게 파는 모임이나 장소

petrol station

경찰서에 들른다더니?

캠브리지로 유학온 민지가 급히 시내에 갈 일이 있어 영국인 친구 에드워드에게 부탁했더니, 자기 차로 데려다 주겠단다. 그러면서 에드워드는 이렇게 말했다.

Can I stop by at a petrol station?

흠, 경찰서에 무슨 볼 일이 있는 건가? 뭐, 얻어타는 처지에 물론 되고말고! 민지는 흔쾌하게 승낙하고 함께 시내로 나갔다. 그런데 에드워드는 가는 도중에 주유소에 들러 기름을 넣었을 뿐 경찰서에 들를 생각은 하지 않는 거였다.

그래서 민지는 돌아오는 길에 "경찰서에 들른다더니, 왜 잊어먹은 거야?" 하고 물었다. 그러자 에드워드는 어처구니없다는 표정을 지으며 patrol station(경찰서)이 아니라 petrol station(주유소)에 간다고 했었다는 것이다. 민지는 그제서야 petrol을 patrol로 잘못 알아들었음을 깨달았다.

◯ SITUATION

A: Can we stop by at a **petrol station**? We're almost out of gas.
주유소에 잠깐 들러도 될까? 기름이 거의 다 떨어진 것 같아.

B: Not now. We don't have time for that.
지금 말고. 그럴 시간이 없어.

A: It will only take a minute.
한 1분이면 돼.

B: But we are already behind schedule.
하지만 이미 늦었는걸.

- **gas station** 미국의 주유소. 미국에서는 기름이란 뜻으로 petrol 대신 gas를 사용
- **behind schedule** 늦은, 지체된(≠right on schedule : 계획에 딱 맞추어)

Scene 099 — by coach

아직도 마차를 타고 다녀?

영국으로 어학 연수를 간 혜림은 옆집 주디와 친하게 되었는데 옥스퍼드로 주말 여행을 간다고 했다. 혹시 자가용으로 가면 묻어갈 작정으로 뭘 타고 가느냐고 묻자 황당한 대답을 내놓았다.

> **I'll go there by coach.**

맙소사, 마차로 간다고? 온갖 초고속 교통 수단을 놔두고 그 먼거리를 마차로 가? 질겁을 한 혜림은 주디가 행여 함께 가자고 조를까봐 두려워 잘 다녀오라는 인사도 하는 둥 마는 둥 자리를 피했다.
그다음 주에 주디를 만난 혜림은 "혹시 말이 말썽이라도 피우지는 않았느냐?"고 물었다. 그러자 주디는 황당해하며 "웬 말?"이냐며 반문했다. 혜림은 **coach**가 **고속버스 (express bus)**라는 뜻으로도 쓰인다는 걸 미처 몰랐던 거다.

◯ SITUATION

A: How was your trip to Cambridge?
캠브리지 여행은 어땠어요?

B: It was great! The **coach** was more comfortable than I thought it would be before.
아주 좋았어! 버스도 생각보다 편안했고.

A: The coach?
코치라고?

B: I meant a bus. The bus had large windows so I was able to look outside and enjoy the scenic beauty.
아, 고속 버스 말이야. 버스에 큰 창이 달려 있어서 밖을 내다보면서 아름다운 자연 경관을 맘껏 즐겼어.

go to the shower

짐을 싸다말고 샤워를 하라고?

민호는 오전 내내 땀을 뻘뻘 흘리며 이삿짐을 싸는데 아직도 싸야 할 짐이 산더미 같았다. 2시간 후에 중요한 인터뷰가 있는 것을 알고 민호를 도와주러 온 브레드가 태평스럽게(?) 이렇게 말하는 거였다.

Go to the shower, Minho.

뭐, 아직 짐도 다 못쌌는데 샤워를 하라고? 거참, 분위기 파악 못하는군…. 민호는 브레드의 말에 어이없어하며 「Thanks, but I'll do it later.」(고마워, 하지만 나중에 할래.)라고 말하고는 계속 짐을 쌌다. 그러자 오히려 브레드가 '좀 쉬라는데 뭘 나중에 한다고?'라고 어리둥절해했다. 민호는 go to the shower가 그만 좀 쉬어라는 뜻인 줄 미처 모르고 하마터면 인터뷰에 늦을 뻔했다. 만약 "가서 샤워 좀 해라"는 뜻으로 말했다면 「Go and take a shower.」라고 표현했을 것이다.

○ **SITUATION**

A: You look very tired. I'll take it from here. Why don't you go to the shower?
무척 피곤해 보인다. 이제부터 내가 할게. 그만 가서 쉬는 게 어때?

B: Thank you. But I can handle it.
고맙지만 내가 알아서 할게.

A: Are you sure?
정말 감당할 수 있겠어?

B: Positive! Trust me.
정말이라니깐. 날 믿어.

Scene 101

난 네 위에 있다고?

I'm over you!

지영의 룸메이트 에이미는 얼마 전 실연당했다. 2년 동안 사귀어온 남자친구 케니가 다른 여자친구를 사귀면서 에이미를 차버린 것이다. 한동안 식음을 전폐하고 방에서 꼼짝도 하지 않더니 어느 날 그 아픔을 떨치고 일어나 멋지게 차려입고 나서면서 이렇게 말했다.

> **I am totally over Kenny. I'm going to go out and meet other people.**

뭐, 이젠 완전히 케니 위에 있다고? 위에 있으니깐 다른 사람을 만나보겠다고? 지영은 도무지 이해가 되지 않아 「You are over Kenny? When were you under him?」(위에 있다고? 언제는 아래에 있었니?)라고 물었다. 그러자 에이미는 한바탕 웃어대더니 알아서 생각하라는 듯 콧노래를 흥얼거리며 나가 버렸다. 지영은 **be over**가 끝나다라는 뜻인 줄 미처 몰랐던 거다. 그러니까 **I'm over you!** 하면 난 너랑 끝났어! 또는 완전히 잊었어! 라는 뜻이다.

◯ **SITUATION**

A: Please forgive me. It was a mistake. I won't even talk to anyone else.
   제발 용서해 줘. 내 실수였어. 다음부터는 너 말고는 얘기도 안 할게.

B: **We are so over**! I don't want to see you any more.
   우린 완전히 끝났어! 다시는 보고싶지도 않아.

A: I'll make it up to you. I promise!
   너한테 잘할게. 약속해!

B: I'm totally over you! Good bye!
   난 너 완전히 잊었는걸? 잘 가!

Scene 102

nature calls

자연이 부른다고?

미현은 중간고사가 끝나고 오랜만에 친구들과 다 같이 모여 학교에서 점심을 먹는데 갑자기 제이슨이 일어나더니 이렇게 말하고는 어디론가 사라지는 게 아닌가?

Excuse me, nature calls.

뭐, 자연이 부른다고? 그동안 시험 보느라 지쳐서 자연으로 돌아가 쉬겠다는 소린가? 도무지 감이 잡히지 않았다. 그런데 잠시 뒤 제이슨이 밝은 표정으로 다시 나타났다. 벌써 자연의 정기를 받고 돌아왔나? 궁금해진 미현은 「How was Mother Nature?」(자연이 어땠어?)라고 물었다. 그러자 그 자리에 있던 친구들이 배꼽이 빠져라 웃는 게 아닌가? 미현은 **nature calls**가 화장실(restroom) 갔다 올게라는 표현인 줄 미처 몰랐던 거다.

○ SITUATION

A: **I'll be back in a moment. Why don't you go ahead and order?**
나 금방 올게. 먼저 주문해.

B: **Where are you going? We just got here.**
어디 가는데? 지금 막 왔잖아.

A: **Nature calls ….**
화장실 좀…

B: **Oh, I see. Be quick!**
그래. 알았어. 빨리 갔다와!

- call of nature, nature's call 변의
 I think I feel **nature's call** coming on. 화장실에 가야 될 것 같아.
 A **call of nature** forced me to stop at the gas station. 화장실에 가느라 주유소에 들를 수밖에 없었어.

Watch your mouth!

입을 지켜보라고?

프라이드 치킨점에 들어가 가볍게 점심을 해결하려는 재민과 크리스. 둘은 재민이 미국에 공부하러 온 이래로 벌써 수개월째 룸메이트로 지내온지라 아주 친한 사이가 되었다. 가끔은 four-letter words(욕설)도 섞어가면서 이야기하기도 한다. 그날도 크리스는 별 생각 없이 조금 점잖치 못한 단어들을 썼다. 옆에 앉아 Lunch Special을 먹고 있던 한 할머니가 크리스 쪽으로 고개를 돌리더니 이렇게 말하는 거였다.

Watch your mouth!

뭐, 입을 지켜보라고? 재민은 '크리스 입에 케첩이나 겨자가 묻었나?' 하고 생각했다. 그런데 크리스는 냅킨을 찾아 입술을 훔치는 대신 할머니에게 「I'm sorry.」라고 말하는 것이었다. 왜 그랬을까? 재민은 Watch your mouth!가 말조심해! 라는 뜻인 줄 몰랐던 거다. "입에 뭐 묻었다"는 「Look at your mouth.」로 표현한다.

○ SITUATION

A: Please dad? Can I take your car to Katy's?
아빠 제발요… 케티 집에 갈 때 아빠 차 몰고 가도 돼요?

B: You got your driver's license yesterday. You need some more practice.
안돼. 어제 운전면허 땄잖아. 아직 연습을 더 해야 해.

A: I hate you!
아빠 미워!

B: Watch your mouth, young lady!
애야, 말조심해라!

red necks
빨간 목이라니?

호기심 많은 두환은 미국 유학중에도 시간을 쪼개 전시회나 박람회가 있으면 빼놓지 않고 가보았다. 하루는 로버트와 함께 구경하고 있는데, 한 무리의 사람들이 큰소리로 떠들고 있었다. 귀에 거슬렸던지 로버트가 그들을 보면서 투덜거렸다.

They are red necks ….

뭐, 빨간 목이라고? 빨간 목은커녕 빨간 목도리를 두른 사람도 없는데…. 두환이 의아해하자 로버트는 빙긋이 웃으며 red necks란 촌뜨기들을 뜻하는 거라고 일러주었다.

SITUATION

A: How long have you lived in the US?
미국에는 얼마동안 살았어?

B: About a year.
한 1년 됐어.

A: Did you get to travel around a lot? Which state did you like the best?
여행 많이 했어? 어떤 주가 가장 좋았니?

B: I have to say… so far… Oklahoma was very interesting.
지금까지는 오클라호마 주가 가장 기억에 남아.

A: Any particular reason?
특별한 이유라도 있어?

B: I have never heard the word 'redneck' being used so much!
생전에 촌뜨기라는 단어 그렇게 많이 들어본 적이 없었거든!

Time out

영어랑 잠깐 놀다가기

Q | **What has two hands and a face, but no arms or legs?**
손도 2개 있고 얼굴도 있는데 팔, 다리가 없는 것은?

A | **A clock.**
시계

The road to hell is paved with good inentions.
지옥길은 선의로 포장되어 있다.

The hands of a clock or a watch are the two pieces of metal or plastic that point to the numbers. The face is the flat part that the numbers are on.
시계에서 hands는 숫자를 가리키는 금속이나 플라스틱으로 된 시계바늘을 가리키고 face는 편편한 시계판을 가리킨다.

- clock 탁상시계
- watch 손목시계
- alarm clock 자명종
- grandfather clock 바닥에 놓는 큰 시계
- hourglass 모래시계
- sundial 해시계
- mechanical watch 태엽 감는 손목시계
- analogue display 바늘로 시간 나타내는 시계
- digital display 디지털 시계
- pendulum 추
- 초침 second hand
- 분침 minute hand
- 시침 hour hand

- 출전 : Collis, H., *101 American English Riddles*, Passport Books, NTC, 1996.

Act 4 have a run in one's pantyhose

What's up?
You scratch my back, and I'll scratch yours.
Can you drop me here?
small talk
fly-by-night
get religion.
Do you have any plans for tomorrow?
Did anything interesting happen?
Let's go to town.
It's Greek to me.
be in the doghouse
have a head start
keep one's nose clean
wear several hats
go south
That will be the day.
be left out in the cold
takes the cake
grey hair
a ballpark figure
What's the date today?
a pain in the neck
club
dance floor
dress shirt
reception desk
bland coffee?
plastic bag
bangs
bowel movement
saline solution
contact lenses
ring finger
have a run in one's pantyhose
spring chickens

팬티를 벗고 뛰라고?

What's up?

머리 위에 뭐가 있어?

자신의 존재이유를 오로지 영어에서 찾는 민호는 논산 훈련소에서 소정의 훈련을 마친 후 카투사로 배치되었다. 기대했던 것만큼 영어가 잘 들리지 않아서 긴장된 날들을 보내고 있던 중 하루는 영내를 걷고 있는데 흑인 일등병 토미가 다가와 불쑥 한마디 던지는 거였다.

What's up?

위에 뭐가 있냐고? 민호는 거의 반사적으로 하늘을 올려다보면서 「Sky.」라고 대답해 주었다. 그러자 토미는 피식 웃더니 그냥 지나쳐 버렸다. 일과를 마친 후 동료 카투사에게 이 얘기를 했더니, **What's up?**은 그냥 젊은이들이 즐겨 사용하는 가벼운 인사말로 **요즘 어떠니?** 정도의 의미로 쓰인다고 한다.
만약 "하늘에 뭐가 있니?"라는 뜻이라면 「What's up there?」로 표현했을 것이다.

○ SITUATION

A: **What's up**, Jenny?
제니야 어떻게 지내니?

B: Nothing much. What about you?
잘 지내. 넌 어때?

A: I got my driver's license yesterday.
나 어제 운전면허증 땄어.

B: Well, good for you. Congratulations!
잘됐다. 축하해!

Scene 106 You scratch my back, and I'll scratch yours.

→ 서로 등을 긁어주자고?

미연은 자동차 시동이 걸리지 않자 할 수 없이 염치불구하고 옆집 조에게 시내까지 태워달라고 부탁하러 갔다. 평소 조에게 잘해 주었기 때문에 믿는 구석이 있기는 했다. 미영이 사정을 얘기하고 도움을 청하는데, 조가 느닷없이 등을 긁어달라고 하는 게 아닌가.

You scratch my back, and I'll scratch yours.

뭐, 애인 사이도 아닌데 나더러 자기 등을 긁어달라고? 미연은 조가 장난으로 그러는 줄 알고 「Later.」라고 대답하고는 다시 한 번 부탁했다. 조는 잠시 어리둥절한 표정을 짓더니 아무 군소리 없이 부탁을 들어주었다. 미연은 You scratch my back, and I'll scratch yours.가 가는 정이 있어야 오는 정도 있다라는 뜻인 걸 나중에서야 알았다.

○ SITUATION

A: Mom, can you give me a ride to the movies tonight?
엄마, 오늘 저녁에 영화관까지 좀 태워주실 수 있어요?

B: You scratch my back and I'll scratch yours.
너도 내 부탁을 들어주면 해주지.

A: What do you want me to do?
내가 할 일이 뭔데요?

B: Take out the trash for me.
쓰레기를 밖에다 좀 버려주렴.

Can you drop me here?
→ 여기 좀 세워주겠니?

회사에서 회식을 마친 영철은 제임스가 집 방향이 같으니까 차를 태워 주겠다고 해서 올라탔다. 시청에서 내려야 하는데, 영어로 뭐라 해야 하는지 도무지 생각이 나지 않았다. 결국, 시청에 다 와서야 궁여지책으로 이렇게 말했다.

Please stop here. (×)

제임스는 웃으며, 「OK. I'll stop right here.」라고 말하고는 차를 급히 세웠다. 영철은 **여기 좀 내려줄 수 있겠니?**라는 표현이 **Can you drop me here?**인 줄 미처 몰랐던 거다.

○ SITUATION

A: Larry, where are you off to?
래리! 어디 가는 길이야?

B: I'm on my way to the Lotte Department Store.
나 롯데백화점 가는 길이야.

A: Good! **Can you drop me (off)** at a nearby subway station?
잘 됐다. 나 근처 전철역에 좀 내려줄 수 있겠니?

B: Of course. Hop in!
물론. 어서 타!

small talk

비밀스러운 얘기?

좀 늦었기로서니 같은 부서 사람들이 자기만 빼고 회의를 열자 혜원은 그 내용이 궁금했다. 어느 회사나 친한 사람이 한둘은 있게 마련이어서 혜원도 나중에 낸시에게 회의에서 무슨 말들이 오갔는지 물어보았다. 그러자 낸시는 이렇게 대답했다.

> **They chatted about the weather and otherwise engaged in small talk.**

날씨 얘기를 한 다음에 작은 목소리로 무슨 비밀 얘기를 했을까? 더욱 궁금해진 혜원은 곧 무슨 중대 발표가 있겠구나 짐작했지만 며칠이 지나도록 아무 말도 없었다. 다시 낸시를 만나 물어보니 그날 회의에서는 어떤 중요 사항도 논의된 바 없다고 했다. 혜원은 small talk가 사소한 얘기라는 뜻인 줄 미처 모르고 무슨 비밀 얘기거니 생각했던 것이다. 만약 비밀스러운 얘기를 속삭였다면 「They whispered.」라고 표현할 수 있을 것이다.

○ SITUATION

A: How was the party the other day?
며칠 전 파티는 어땠어?

B: Nothing special. We had a few drinks, made some small talk and left.
특별한 일 없었어. 음료 몇 잔 하고 잡담 좀 하다가 왔지.

A: No wonder no one talks about it.
어쩐지 아무도 파티에 대해 한마디도 없더라.

B: It would have been better for me to just stay home and rest.
집에서 그냥 쉴걸 그랬어.

fly-by-night

→ **야간 비행기를 타면 나쁜가?**

기철은 부도 어음을 처리하느라 경황이 없어 며칠 동안 영어회화 학원에 결석했다. 영어 강사 마이클이 전화를 걸어와 결석한 이유를 묻기에 사정 얘기를 했더니 마이클이 이렇게 말하는 거였다.

> **You shouldn't deal with a fly-by-night businessman.**

뭐라고? 야간 비행기를 타는 비즈니스맨과는 거래하지 말라고? 무슨 뚱딴지 같은 소리야? 나중에 알고보니, **fly-by-night**은 **무책임하고 믿을 수 없는**이라는 뜻이었다. 밤에 비행기를 타고 이동하게 되면 제대로 자지 못해 눈이 빨개지므로 'fly the red eye'라고 한다는 것도 덤으로 알게 되었다.

○ SITUATION

A: I bought a small TV through an on-line shopping mall and it broke down in less than a month.
_{인터넷 쇼핑몰에서 작은 TV를 샀는데 한 달도 안 돼서 고장났어.}

B: Why don't you ask for a refund or get it fixed?
_{환불이나 수리해 달라고 해보지?}

A: I tried. But the website disappeared just like that.
_{시도해 봤지. 그런데 그 사이트가 순식간에 없어져 버렸어.}

B: You should be more careful with on-line shopping malls. I heard that some of them are **fly-by-night** businesses, and they are only interested in making a quick buck.
_{그러니까 인터넷 쇼핑할 때 좀더 조심하지. 내가 듣기로는 온라인 쇼핑업체 중 몇몇은 돈에 혈안이 된 비양심적 회사들이래.}

Scene 110 — get religion

하루아침에 독실한 신자가 되었다고?

브라이언이 교통사고를 당해서 입원했다는 소식을 듣고 태호는 곧장 병원으로 달려갔다. 태호를 보더니 브라이언이 뜻밖에 반가운 얘기를 했다.

> When I had an automobile accident, I really **got religion**. Now I'm a safe driver.

뭐, 이번 교통 사고를 계기로 독실한 신자가 되었다고? 평소에 그를 교회로 인도하려고 애써왔던 태호로서는 반가운 얘기가 아닐 수 없었다. 그런데 뭐가 좀 이상하다? 그토록 집요한 설득에도 콧방귀도 뀌지 않던 녀석이 아무리 교통사고를 당했기로서니 하루아침에 독실한 신자가 되었다니? 나중에 **get religion**이 **신중해지다**라는 뜻인 줄 알게 된 태호는 실소를 금치 못했다.

만약 "독실한 신자가 되었다"는 뜻이었다면 「I became very religious.」라고 표현했을 것이다.

○ **SITUATION**

A: What's up with Lily lately? She seems… somewhat different.
요즘 릴리 어떻게 지내니? 어딘지 모르게 변한 것 같아.

B: She's not the person she used to be. She **got religion**.
예전에 우리가 알던 릴리가 아니야. 얼마나 신중해졌다고.

A: Did anything happen?
무슨 일이라도 있었어?

B: She doesn't say much. We are only guessing that she must have had a life-altering experience.
별다른 말을 안 해. 우리는 그저 릴리가 뭔가 큰 경험을 했나보다 추측할 따름이야.

• life-altering experience 인생이 바뀔 만한 큰 경험

Scene 111 — Do you have any plans for tomorrow?

무슨 다른 약속 있어요?

희진은 거래 회사의 구매팀장 조지와 내일 점심 식사를 함께 하려고 조지의 스케줄이 어떤지 물어보았다.

Do you have a schedule tomorrow? (×)

그런데 조지가 무슨 얘긴지 영 못알아 듣는 눈치였다. 희진은 짧은 영어로 몇 번씩 이리저리 돌려말하면서 조지가 알아듣도록 하려고 무척 애를 썼지만 여의치 않았다. 나중에는 조지가 "내일 내게 다른 약속이 있는지 알고 싶은 거냐?"고 되물어주었다. 그래서 겨우 사태를 수습할 수 있었다. 희진은 **Do you have any plans for tomorrow?**가 **내일 다른 스케줄 있으세요?**라고 묻는 일반적인 표현이라는 걸 몰랐던 거다.

○ SITUATION

A: **Do you have any plans for tomorrow?** If not, why don't you join us. We're going to go see a movie.
내일 약속 있어? 없으면 우리랑 영화나 보러가지 않을래?

B: Thank you but I have a previous engagement. Maybe next time.
고맙지만 나 선약이 있어. 다음에 같이 보자.

A: OK. But if you change your mind, give us a call.
알았어. 혹시 마음이 바뀌면 연락해.

B: I'll do that. See you!
그렇게. 다음에 보자!

Did anything interesting happen?

'에피소드'는 그 에피소드가 아닌걸…

한국 생활이 벌써 3년차에 접어든 폴이 모처럼 인도로 한 달간 여행을 떠났다. 폴의 친구 아영은 폴이 들려줄 재미있는 인도 여행담 생각에 벌써부터 마음이 들떠 있었다. 아영은 폴이 여행에서 돌아오자마자 커피숍으로 불러내 이렇게 물었다.

Is there an interesting episode? (×)

아영의 물음에 폴은 덤덤하게 「No, there isn't any.」라고 대답했다. 뭐, 한 달씩이나 인도를 여행하고 와서 할 얘기가 전혀 없다니? 바보 아냐? 아영으로서는 몹시 섭섭했지만 폴로서는 당연한 대답이었다(미국인들은 '에피소드'라는 단어를 한 편의 연속극이나 소설·연극의 삽화를 나타내는 뜻으로만 쓴다). 그러니까 아영이 무슨 재미있는 일 있었어요?라는 뜻으로 **Did anything interesting happen?**이라고 물어보았으면 폴의 인도 여행담을 제대로 들을 수 있었을 것이다.

○ SITUATION

A: How was your trip to California? **Anything interesting?**
캘리포니아 여행은 어땠어? 재미있는 일 있었어?

B: Interesting? It was fantastic! It couldn't have been better.
재미있었냐고? 끝내줬어! 이만큼 재미있는 일은 없었어.

A: Come on, don't keep me waiting. Tell me all about it.
기다리게 하지 말고 빨리 자세히 말해봐.

B: I saw Brad Pitt on Hollywood Blvd. and even got an autograph from Jennifer Aniston.
헐리우드 가(街)에서 브레드 피트도 보고 심지어 제니퍼 애니스톤 사인도 받았어.

Let's go to town.

바쁜데 웬 시내 타령?

준호는 거래 회사에 보고서를 제출하느라 지난 며칠 밤을 새우다시피 하며 팀원들과 열심히 문안을 다듬고 있었다. 그런데 팀장 마이크가 들어오더니 대뜸 이렇게 말하는 거였다.

> Come on, you guys, **Let's go to town.** We have to finish this job before noon.

아니, 아직 일을 마치지도 않았는데 시내로 가자고 하면 어쩌자는 거야? 그래서 준호는 뭘 모르면 가만히 있으라는 투로 「We don't have a minute to waste going to town.」 (시내에 가느라 단 1분의 시간도 허비할 수 없어요.) 라고 말했다. 그러자 마이크는 그저 빙긋 웃으면서 방문을 닫고 나갔다. 준호는 **Let's go to town**이 <u>열심히 일하자</u>는 뜻인 줄 미처 모르고 괜히 마이크에게 시위를 한 셈이었다.

만약 "시내에 들어가자"는 뜻이었다면 「Let's go into town.」이라고 했을 것이다.

○ SITUATION

A: I had a really nice lunch.
점심 잘 먹었다.

B: Me too, never tasted anything better.
나도. 이렇게 맛있는 점심은 처음이야.

A: Well, it's time to get back to work!
그럼, 다시 일할 시간이다.

B: **Let's go to town!**
열심히 일하자!

It's Greek to me.
영어가 그리스 어로 보인다고?

하루는 장문의 법률 문서가 미국 본사에서 기수의 이메일에 첨부 파일로 들어왔다. 빽빽이 적힌 문구를 아무리 들여다보아도 의미를 파악할 수 없어 창피를 무릅쓰고 윌리엄에게 들고갔다. 윌리엄은 한참을 들여다보더니 엉뚱한 말을 늘어놓는 게 아닌가.

> **It's Greek to me. Maybe John knows what it means.**

뭐, 그리스 어로 보인다고? 아무럼 내가 영어와 그리스 어도 구별 못하는 줄 아나? 사람 놀리는 거야 뭐야? 아이고 관둬라…. 기수는 다시 존을 찾아가 이메일 내용을 물어보면서 윌리엄이 파일 내용을 그리스 어로 착각한 것 같다고 말했다. 그러자 존이 박장대소하였다. 기수는 It's Greek to me가 도저히 무슨 뜻인지 모르겠다는 의미로 쓰이는 줄 미처 몰라 존을 웃긴 거였다.
만약 "그리스 어 같아 보인다"라는 뜻이라면 「It looks like Greek to me.」라고 했을 것이다.

○ **SITUATION**

A: Can you help me with my biology?
나 생물과학 공부 좀 도와줄래?

B: Let's see… Hmm… Well, to be frank with you, it's Greek to me.
어디 볼까? 흠… 솔직히 말하면 무슨 소린지 하나도 모르겠다.

A: Thanks anyway.
어쨌든 고마워.

B: Why don't you ask Helen? She's a science major so she'll definitely know the answer.
헬렌한테 물어보지 그래? 과학 전공이니깐 분명 답을 알 거야.

be in the doghouse

개집에 살고 있다고?

호준이 오랜만에 존을 만나 그동안 지내온 일을 얘기하는데 존이 돌연 황당한 얘기를 하는 게 아닌가.

> **I'm in the doghouse.**

뭐, 개집에 살고 있다고? 존이 평소에 개를 좋아한다는 사실은 알고 있었지만 아무렴 개집에서 개하고 같이 살다니? 혹시 정신이 살짝 돈 거 아냐? 그도 아니면 자기 집을 개집 스타일로 개조했다는 말인가?
호준이 "개집에서 살다니, 말도 안된다"고 핀잔을 주자 존은 "웬 개집 얘기냐?"며 어리둥절해했다. 호준은 **be in the doghouse**가 곤경에 처해 있다라는 뜻인 줄 모르고 괜히 개타령(?)만 한 거였다.

○ **SITUATION**

A: I haven't seen you lately. What kept you so busy?
　요즘 통 안보이더라. 왜 그리 바빴어?

B: I've **been in the doghouse**.
　요즘 좀 곤란한 일이 있었어.

A: What is it?
　무슨 일이야?

B: Jenny confided her secret to me and suddenly it became the talk of the town. And Jenny thinks that I'm the one who let the cat out of the bag.
　제니가 나한테 비밀을 알려줬는데 하루아침에 소문이 다 퍼졌어. 근데 제니는 내가 소문을 퍼뜨리고 다닌 줄 안다는 게 문제야.

have a head start

머리를 먼저 출발시켰다고?

민호가 미국인 친구들과 함께 TV로 육상 경기를 지켜보고 있는데, 어떤 선수 둘이 서로 돌아가면서 부정 출발하는 것을 보고 지미가 한마디 코멘트를 던졌다.

> **They** had a head start.

뭐라구, 머리를 먼저 출발시켰다고? 내가 보기엔 분명히 출발 신호 총성이 들리기 전에 부정 출발했는데…? 그래서 민호는 「They started before the signal.」이라고 말해주었다. 그러자 다들 황당하다는 투로 민호를 쳐다보는 거였다. 순간 민호는 내가 또 뭔가 실수했구나 싶었다. 민호는 **have a head start**가 (출발 신호 전에) 부정 출발하다라는 올바른 표현이라는 걸 몰랐던 거다.

○ SITUATION

A: What's going on? Why aren't they running?
무슨 일이야? 왜 선수들이 안 뛰어?

B: They need to start the game over.
경기 다시 시작해야 해.

A: Did somebody foul?
선수들 중 누가 반칙했어?

B: Yes. The Russian sprinter in lane 3 **made a head start**.
응. 3번 라인에 러시아 선수가 부정 출발했어.

- head-start (부정 출발할 경우 남들보다 유리한 위치를 점할 수 있으므로) 남들보다 유리한 입장에 있다라는 뜻도 있다. Jayoung lived in the United States for three years when she was young. This gave her a **head start** over other job seekers in landing a job.
자영은 어릴 적에 3년간 미국에서 살았다. 그래서 직장을 구하는 데 다른 구직자들보다 유리했다.

keep one's nose clean

아직도 콧물을 흘린다고?

미국에서 중학교를 졸업한 뒤 한국으로 역이민온 도훈은 10여 년이 지난 뒤에야 미국에서 초등학교 동창회(reunion)에 참석하게 되었다. 그런데 그 당시 이웃하여 살면서 함께 개구쟁이 짓도 많이 했던 로버트가 얘기를 하다가 저쪽에서 웃고 떠드는 한 패거리를 쳐다보며 이렇게 말하는 거였다.

> **I'm trying to keep my nose clean by staying away from those guys.**

아니, 이 나이가 되도록 아직도 콧물을 흘린단 말이야? 도훈은 설마 하면서도 로버트더러 「Are you trying to clean your nose?」(코를 깨끗하게 하려고 노력하고 있다구?) 하고 반문했다. 그러자 로버트가 박장대소했다. 도훈은 **keep one's nose clean**이 **말썽피우지 않다**라는 뜻인 줄 미처 몰랐던 것이다. 그러니까 로버트가 패거리를 쳐다보며 한 말은 "나는 말썽 피우게 될까봐 저녀석들과 어울리지 않으려고 애쓰고 있지"라는 뜻이다.

○ SITUATION

A: Steve has been suspended from school twice for bullying other students.
스티브는 다른 학생들을 괴롭혀서 학교에서 두 번이나 정학당했어.

B: If he gets in trouble again, he'll be kicked out of school.
한 번만 더 문제를 일으키면 퇴학이래.

A: He'd better **keep his nose clean**.
말썽 안 피우기 위해서 노력해야 될 거야.

B: He's such a pain in the neck.
스티브는 완전 골칫덩어리야.

• stay away (from) ~에 가까이 가지 않다. 결석하다.   • a pain in the neck 골칫덩어리

nose를 사용한 표현

with one's nose in the air   잘난 척 하다(코가 하늘을 찌르는 형상)

Susan walks around with her nose in the air.
수잔은 잘난 척하면서 돌아다닌다.

under one's nose   바로 눈앞에

I searched for the key everywhere and it was right under my nose all the time.
열쇠 찾느라 사방을 뒤졌는데 줄곧 내 바로 눈앞에 있었지 뭐야.

keep one's nose out of something
(=to mind one's own business)   상관하지 않다

○ SITUATION

A: I think Jane is going out with Tom!
제인이랑 톰이랑 사귀는 것 같아.

B: How do you know?
어떻게 알아?

A: I saw them walking home together yesterday.
어제 방과 후 같이 집에 걸어가더라고.

B: Why don't you keep your nose out of their business.
걔네들 일에 괜한 상관 말고 네 일이나 신경쓰지 그래?

look down one's nose at   경멸하다, 멸시하다

I think he looks down his nose at my work.
그는 내 직업을 멸시하는 것 같다.

wear several hats
모자를 여러 개씩 쓰고 다닌다고?

영어에 자신이 붙은 민기는 통역사가 될 목표를 세우고 ABC 방송사의 시사 대담 프로그램인 「Nightline」이나 CBS의 「60 Minutes」 같은 프로그램을 보며 시험을 준비했다. 하루는 「Nightline」을 보는데 이런 말이 나왔다.

> **He wears several hats.**

뭐, 모자를 여러 개씩 쓴다고? 아주 쉬운 단어들로만 된 문장인데 도무지 그 뜻이 아리송했다. 그 뒤에 이어지는 내용을 모두 듣고서야 **wear several hats**가 한꺼번에 여러 가지 일을 하는 사람이라는 걸 겨우 알아차릴 수 있었다.
만약 "그는 한꺼번에 여러 개의 모자를 쓰고 다닌다"는 뜻이라면 「He wears several different hats.」로 표현했을 것이다.

○ SITUATION

A: Did you hear that the actor Mel Gibson is also a movie director?
영화배우 멜 깁슨이 영화 감독도 한대.

B: Of course. He also writes screenplays for his own movies.
알고 있었지. 게다가 자기가 직접 영화 각본도 쓴다던데.

A: He **wears several hats**.
정말 한꺼번에 여러 가지 일을 하는 사람이군.

B: It takes a lot of talent to work in all those areas.
다방면에서 그렇게 뛰어난 걸 보니깐 정말 다재다능한 사람 같아.

hat을 사용한 표현

hat in hand   모자를 손에 들고, 공손히

The secretary waited for his boss with his hat in his hand.
그 비서는 공손하게 사장님을 기다렸다.

pass (or send) the hat   (모자를 돌려) 기부금을 모으다

Our club passed around the hat to collect funds for AIDS victims.
우리 클럽은 에이즈 환자들을 돕기 위해 기금을 모았다.

take one's hat off to   칭찬하다

I must take my hat off to the cook for preparing such a nice meal.
이같이 맛있는 식사를 준비해준 요리사에게 칭찬을 아낄 수가 없네요.

keep something under one's hat   비밀로 하다

I'm getting married but keep this under your hat.
나 결혼할 계획인데 당분간 비밀로 해.

- under one's hat 비밀리에, 남몰래

talk through one's hat   흰소리를 늘어놓다, 허풍떨다

He is talking through his hat about his wealth.
그는 그의 재산에 관해 허풍을 떨고 있다.

go south

주식시장이 남쪽으로 간다고?

재호는 비록 몸은 미국에 와있지만 마음은 늘 고국에 있는지라 이번 SK 사태로 뒤숭숭한 한국주식시장 동향을 알아보려고 TV를 틀었더니 이렇게 말하면서 무슨 수치를 늘어놓는 거였다.

The stock market is going south.

뭐, 주식시장이 남쪽으로 간다고? 웬 뚱딴지 같은 얘기야? 갑자기 답답해진 재호가 무슨 사정인지 알아보려고 뒤이어 언급하는 수치들을 가만히 들어보니, 대부분의 수치가 한결같이 떨어지는 것이었다. 재호는 그제서야 go south가 시세가 떨어지다라는 뜻인 줄 짐작할 수 있었다.

○ SITUATION

A: Now, we will turn the mike to our correspondent at the New York Stock Exchange. How is the market doing?
그럼 뉴욕 증권거래소에 나가있는 특파원을 연결해 보도록 하겠습니다. 현재 증시가 어떻습니까?

B: The prospect is bleak. A series of corporate scandals seems to have taken a great toll on the market. Most issues are heading south at this moment.
전망이 그리 밝지 않습니다. 연일 계속된 기업 스캔들이 악재로 작용해 현재 거의 모든 종목의 주가가 떨어지고 있습니다.

• go south(=head south)

Scene 120

That will be the day.

→ ## 그날이 뭐하는 날인데?

남자친구와 대판 싸움을 벌인 메리가 희진에게 서로 싸우게 된 경위를 설명했다. 희진은 메리를 달래면서 "남자친구에게 먼저 전화를 걸어 화해하는 것이 어떻겠느냐?"고 물었다. 그랬더니 메리가 이렇게 말하는 거였다.

That will be the day. Let him apologize first.

"뭐, 그게 그날이라고? 그날이 뭐하는 날인데?" 하고 희진이 물었다. 그렇잖아도 기분이 상해 있던 메리는 희진이 자기를 놀리는 줄 알고 토라져서 가버리려고 했다. 당황한 희진이 돌아서 나가는 메리의 등에 대고 「I'm sorry, but I didn't understand what day would be the day. That's all.」(미안해, 나는 정말 네 말이 무슨 뜻인지 전혀 몰랐단 말이야.)이라고 소리쳤다.

오해가 풀린 메리는 **That will be the day**가 절대로 그렇게 할 수 없다는 뜻이라고 일러주었다. 그러니까 「If that happens, that will be the day I die.」(만약 그런 일이 일어난다면, 그 날이 바로 자기 장례 날이 될 것이다.)라는 의미를 함축하고 있다는 것이다.

○ SITUATION

A: **I'm totally fed up with him.**
난 걔한테 완전히 지쳤어.

B: **Did he screw up again?**
걔가 또 일을 망쳤어?

A: **This time he didn't even show up at the meeting.**
이번엔 아예 회의에 참석도 안 했어.

B: **Why don't you give him a second chance? He'll do better next time.**
다시 한 번 기회를 주지 그래? 다음 번에는 잘할 거야.

A: **That will be the day.**
절대로 그럴 수 없어.

• "절대로 안돼"라는 의미의 다른 표현 : 「Over my dead body!」 「In your dreams!」

Scene 121   be left out in the cold

→ 추운 곳에 혼자 남겨졌다고?

미희의 단짝 친구 정연이 친구들과 어울려 학교 근처의 Bar에서 맥주를 마시고 있는데 마침 그때 옆 테이블의 같은 과 친구들이 큰소리로 떠들고 있었다. 그들이 미희에 대해서 무슨 말을 하는 것이 귀에 들어왔다.

Mihee was left out in the cold.

뭐, 미희가 추운 곳에 혼자 남아 떨고 있었다고? 정연은 당장 미희에게 전화를 걸어 물었다. "미희야, 너 언제 밖에서 바들바들 떨고 서 있던 적 있니?" 왜 그러느냐고 묻는 미희에게 방금 들은 얘기를 전해주니, 우등생답게 "이야기의 맥락으로 보아 그 애들이 나를 따돌렸다고 생각하는 것 같다"고 했다. 정연은 그제서야 be left out in the cold가 **따돌림을 당하다**는 뜻인 줄 알게 되었다.

○ SITUATION

A: Why didn't you come to the party yesterday?
어제 왜 파티에 안 왔니?

B: Why? Because you never invited me!
왜냐고? 네가 초대하지도 않았잖아!

A: Yes I did! I even sent you an invitation.
초대했어! 초대장도 보냈잖아.

B: Really? But I never got it… I thought I was being left out in the cold.
정말? 받지 못했어… 그래서 난 네가 날 따돌리는 줄 알았어.

A: I would never do that to you.
내가 너한테 그럴 리가 있어?

take the cake

케이크를 가져가라고?

미연은 안젤라와 함께 베티의 생일 파티에 초대받았다. 훌륭한 코스 메뉴로 대접을 받으니 기분도 좋고 고마웠다. 함께 간 안젤라가 베티에게 이렇게 말했다.

This dinner really takes the cake.

뭐, 케이크를 가져간다고? 미연은 각자 집으로 돌아갈 때 음식을 싸주는 한국에서의 관습처럼 미국에서도 케이크를 싸주는구나 싶었다. 그러나 아무리 눈치를 살펴도 돌아갈 때까지 베티가 케이크를 싸줄 기미를 보이지 않았다. 미연은 **take the cake**이 **훌륭하다, 맛있다**라는 뜻인 줄 미처 몰랐던 거다. 그러니까 안젤라는 "오늘 저녁식사 참 근사하다"고 베티에게 인사치레를 한 것이다.

○ SITUATION

A: This ice cream is delicious!
이 아이스크림 정말 맛있다.

B: Can't agree with you more! Mmmm…
정말 맛있다. 음…

A: I've tasted some real nice ice creams before but this one **takes the cake**.
맛있다는 아이스크림 많이 먹어봤지만 이게 제일 맛있다.

B: Want to go for another cone?
우리 하나씩 더 먹었을까?

영어랑 잠깐 놀다가기

Q **What can you serve, but never eat?**
서브할 수는 있지만 먹을 수는 없는 것은?

A **A tennis ball**
테니스 볼

보통 'serve'는 'to put food in front of someone(음식을 앞에 가져다준다)'는 뜻이지만, 테니스에서 'serve'는 'to start the game by hitting the ball to one's opponent(게임을 시작할 때 볼을 상대방에게 쳐보낸다)'라는 뜻이다.

A stitch in time saves nine.
제때의 한 바늘이 열 바늘을 던다.

O **SITUATION**

A: Did you enjoy the tennis match?
테니스 게임 잘 봤니?

B: I did. I was particularly impressed with how well Patricia serves.
응. 특히 패트리샤의 서브가 인상적이었어.

A: I agree. Now the match is over, we can go for a drink.
나도 그래. 게임이 끝났으니 뭐나 마시러 가자.

• 출전 : Collis, H., *101 American English Riddles*, Passport Books, NTC, 1996.

grey hair

하얀 걸 왜 하얗다고 않는지…

L.A.에 사는 큰아버지를 뵈러 미국에 온 경미. 몇 년만에 뵙는 큰아버지가 그동안 많이 늙으셨다는 생각이 들었다. 지난번 뵐 때만 해도 검은머리가 흰머리보다는 더 많으셨는데… 가는 세월은 누구도 잡지 못한다는 말이 어김없구나. 경미는 한국말이 서툰 사촌언니에게 영어로 이렇게 말했다.

> **Your dad's hair has turned very white. (white → grey)**

그랬더니 사촌언니가 미국에서는 **흰머리**를 'white hair'라 하지 않고 **grey hair**라고 한다고 바로잡아 주었다.

○ SITUATION

A: Look at this picture. Who's this in the middle?
　이 사진좀 봐. 가운데 있는 이 사람은 누구야?

B: I think that's my grandmother when she was about my age.
　우리 할머니가 나만할 때 찍은 사진 같아.

A: She was such a beauty back then.
　옛날에 정말 아름다우셨네.

B: Yes, she was. I think she's still pretty even with her **grey hair**.
　그래. 지금은 머리가 다 세셨지만 그래도 여전히 아름다우신 것 같아.

- salt and pepper hair 반백 머리

Scene 124

a ballpark figure
차 가격을 말해달라니까!

지애 친구인 케빈이 중고차를 샀다. 지애는 얼마에 샀는지 궁금한데 케빈은 물어봐도 시원하게 대답은 않고 이렇게 말하는 게 아닌가?

I'll give you a ballpark figure, …5,000 dollars.

누가 저더러 야구장에 관한 수치를 말해 달래? 그런데 5천 달러는 또 뭐야? 더욱 헷갈리게 된 지애는 방으로 돌아와 사전을 뒤적여야 했다. 지애는 그제서야 **a ballpark figure** 가 **대략적인 수치**라는 뜻인 줄 알게 되었다.

○ SITUATION

A: How much was the airfare to Europe?
유럽행 비행기표 얼마나 해?

B: It's been quite a while since I went to Europe so I don't remember the exact figure.
유럽에 다녀온 지 꽤 지나서 정확하게는 기억이 안나.

A: That's OK. Just give me a ballpark figure.
괜찮아. 대략 얼마였나만 말해 줘.

B: I think it was around $1,500 for a round trip.
왕복표가 대략 $1,500이었던 것 같아.

What's the date today?
그새 흑심을 품다니?

겨우 간호사 자격증을 취득하고 샌프란시스코 병원에 근무하게 된 영미는 첫 환자로 교통사고를 당한 미국인을 보살피게 되었다. 머리의 상처로 며칠만에 깨어난 환자가 영미에게 가까이 와보라고 손짓했다. 영미가 환자에게 다가가 입 가까이 귀를 대자 이렇게 속삭이는 거였다.

Date?

뭐야, 데이트를 하자고? 간호사로서 환자를 돌보았을 뿐인데… 그새 흑심을 품다니? 영미는 기분이 상해서 「I'm married!」라고 쏘아붙이고는 방을 나와 버렸다. 영미는 나중에야 Date? 즉 What's the date today?가 오늘이 며칠이지요?라고 묻는 말인 줄 모르고 오해했다는 걸 알았다.
만약 "나랑 데이트할래요?"라는 뜻이었다면 「Do you want to go out with me?」라고 했을 것이다.

○ SITUATION

A: Are you dating anyone at the moment?
지금 사귀는 사람 있나요?

B: No, I'm not seeing anyone. Why?
아니. 지금 만나는 사람 없어. 왜 그러는데?

A: Then can I take you out some day?
그럼 나랑 언제 데이트할래?

B: Yes. I would love that.
그래. 그렇게 하자.

A: How about this coming Friday?
이번 주 금요일은 어때?

B: What date is that?
그날이 며칠이지?

A: That's March 14th.
3월 14일이야.

date를 사용한 표현

date
데이트 상대 ::

She is always without dates.
데이트 상대가 없다.

out of date(=old fashioned)
시대에 뒤떨어진 ::

This dress is out of date.
이 옷은 구식이다.

up-to-date
최신의 ::

This magazine shows the most up-to-date fashion.
이 잡지는 최신식 패션 정보를 담고 있다.

without date(=since die)
무기한으로 ::

The meeting was adjourned without date.
회의는 무기한으로 연기됐다.

date of birth
생년월일 ::

Please fill in the blank that says the date of birth.
생년월일이라고 적힌 칸을 채워 넣어 주세요.

date of arrival
도착일 ::

Tell me your date of arrival, time and flight number.
당신의 도착일, 시간 그리고 비행기편을 알려주세요.

a pain in the neck
지겨운데 왜 목이 아프지?

준섭이와 톰은 열심히 준비한 공인회계사(C.P.A.) 시험 결과 발표를 기다리며 여러 얘기를 하게 되었다. 그런데 톰이 느닷없이 이렇게 말하는 거였다.

It's a pain in the neck.

뭐, 목이 아프다고? 시험 결과 발표를 목을 빼고 기다리다가 목에 병이라도 났나 싶어 준섭은 톰에게 「Is it serious?」(심하게 아픈 거야?)라고 물었다. 그랬더니 톰이 정색을 하며 「I'm not sick.」(병이 난 게 아니야.)라고 말했다. 준섭은 **It's a pain in the neck**이 **지겹고 괴로운**이라는 뜻인 줄 모르고 괜히 톰을 목병 환자로 만든 거였다.

만약 "목이 아프다"는 뜻이었다면 「I have a pain in my neck.」이라고 했을 것이다.

○ SITUATION

A: It's really cold outside. But I have to go to the Central Post Office.
밖에 날씨가 너무 추운데 중앙우체국에 가야 해.

B: Are you going to take a bus there?
거기까지 버스 타고 가려고?

A: No, absolutely not. Waiting for the bus on the cold and windy corner is **a pain in the neck**.
절대로 아니지. 춥고 바람 불 때 버스 타려고 기다리는 게 얼마나 괴로운데.

• C.P.A(Certified Public Accountant) 공인회계사

서클은 수학이라고?

활달한 성격의 연희는 미국인 친구들과 쉽게 어울려서인지 영어가 다른 한국 학생들보다 빨리 늘었다. 하루는 연희가 같은 과목을 듣는 올리비아와 함께 길을 걷게 되었다. 얼마 전 학생회관 게시판에 붙은 광고를 보고 둘이 함께 관심을 가졌던 동아리에 올리비아가 가입했는지 궁금해서 물었다.

Did you sign up for the circle? (circle → club)

그러자 올리비아는 circle을 원圓으로 오해했는지 「Did I enroll for the math class?」(내가 수학 과목을 신청했느냐구?)라고 되물었다. 연희가 다시 질문 의도를 설명하자 올리비아는 「Oh, you mean the club.」이라고 고쳐주었다. 연희는 그제서야 **동아리**를 **club**이라고 하는 줄 알았다.

○ SITUATION

A: **Have you joined any clubs?**
너 동아리 활동하는 거 있니?

B: Yes, I'm in the drama club.
그럼. 난 연극 동아리 활동 해.

A: Good for you. I still can't decide which one to join.
좋겠다. 난 아직 어떤 동아리에 가입해야 할지 모르겠어.

B: If you like outdoor activities, you may want to think about tennis or hiking clubs.
야외 활동 좋아하면 테니스나 등산 동아리는 어때?

Scene 128

춤좀 추자는데…

dance floor

스트레스 해소로는 춤이 최고라 생각하는 진수는 미국 나이트 클럽은 어떻게 생겼는지 평소 궁금하던 차에 친구들과 행차(?)하게 되었다. 진수는 어렵게 용기를 내서 수잔에게 춤추러 '스테이지'로 가자고 말을 걸었다.

> **Let's go to dancing stage. (×)**

하지만 수잔이 꿈쩍도 않고 묵묵무답이다. 졸지에 친구들 앞에서 웃음거리가 된 진수는 수잔에게 다시 한 번 '스테이지'로 가자고 졸랐다. 그러자 수잔이 눈을 동그랗게 뜨고 「I am NOT an actress!」라고 말하는 게 아닌가.
아니, 누가 자기더러 배우라고 그랬나? 춤 좀 추자는데 저리 콧대를 세울 게 뭐람. 이렇게 투덜거린 진수는, **dance floor**(디스코테크의 춤추는 곳)라 해야 할 것을 **stage**(연극 따위의 공연용 무대)라고 해서 수잔의 오해를 산 줄은 미처 몰랐던 거다.

○ SITUATION

A: Excuse me. Would you like to join me on the **dance floor**?
실례합니다. 함께 춤추시러 스테이지로 갈까요?

B: No, thank you. I don't dance.
고맙지만 사양하겠어요. 전 춤 못춰요.

A: Then can I buy you a drink instead?
그렇다면 제가 술 한잔 사도 되겠습니까?

B: That would be nice.
그러시죠.

dress shirt

왜 못알아 듣는 거지?

벼르던 체크 무늬 재킷을 산 종현은 이번에는 와이셔츠를 파는 곳으로 발길을 옮겼다. 옷은 한 번 살 때 구색을 맞춰 사는 것이 편하기 때문이다. 새로 산 재킷에는 아무래도 핑크색 와이셔츠가 어울릴 것 같았다. 점원이 다가오자 종현이 "핑크색 와이셔츠를 달라"는 뜻으로 이렇게 물었다.

> **I'd like a pink white shirt. (→ I'd like a pink dress shirt.)**

그러자 점원은 무슨 말인지 모르겠다는 표정을 짓더니 pink white라는 색은 없다고 말했다. 열받은 종현이 직접 핑크색 와이셔츠를 찾아내 「I want this shirt.」라고 하자, 점원은 「That's a pink **dress shirt**, sir.」라고 말했다. 종현은 **와이셔츠라는 단어는 아예 영어에 없는 표현이고 dress shirt라고 해야 한다**는 걸 몰랐던 거다.

○ SITUATION

A: You look great today! Your tie goes well with your white shirt.
오늘 아주 멋지네! 넥타이랑 와이셔츠랑 잘 어울린다.

B: Thank you Mi-hyun. But I'm not wearing a white shirt.
미현아 고마워. 근데 나 하얀 셔츠 안 입었는데?

A: Oh, I mean your dress shirt. I like your blue **dress shirt**.
아차, 네 드레스셔츠 말이야. 파란색 드레스셔츠가 참 이쁘다.

B: Thanks. I'm going to a wedding today.
고마워. 오늘 결혼식에 초대받았거든.

reception desk

왜 엉뚱한 곳에서 기다려?

뉴욕에 도착한 김 과장은 시내의 괜찮은 호텔에 들었다. 미국측 거래 회사에서 맥스라는 친구가 친절하게도 공항까지 마중나온 후 데리고 간 호텔이었다. 우선 첫날은 쉬고 다음 날 맥스와 만나 회사로 가기로 약속했다. 김 과장은 맥스와 헤어지면서 이렇게 말했다.

Meet me in the front of the hotel at 8:00 a.m.

하룻밤을 쉬고 여독을 푼 김 과장은 다음 날 아침 8시에 호텔 프런트로 나가 기다렸다. 그런데 30분이 지나도록 맥스의 그림자도 보이지 않자 은근히 짜증이 난 김 과장은 담배나 한 대 피우려고 호텔 밖으로 나갔다. 그런데 이게 웬일인가? 거기에 맥스가 잔뜩 찌푸린 얼굴을 하고 서 있는 게 아닌가. 알고보니 '호텔 프런트' 역시 영어 족보에는 없는 한국식 표현이었으니 맥스의 오해는 당연한 것이었다. 그러니까 **in (the) front of**는 ~의 정면에(앞부분에)라는 뜻이고 "호텔 프런트에서 만나자"고 하려면 **Please, meet me at the reception desk.**로 표현해야 한다.

○ SITUATION

A: I hear you're staying in San Francisco for a few days.
며칠 샌프란시스코에 있을 거라면서?

B: Yeah. Want to meet me for brunch tomorrow?
응. 내일 나랑 브런치(아침 겸 점심) 할래?

A: Sure. Shall we make it at 11:00?
그래. 한 11시에 보면 될까?

B: Fine with me. I'll meet you at the **reception desk** at eleven.
좋아. 11시에 프런트에서 보자.

Scene 131 — bland coffee?

커피 한잔 먹기가 이렇게 힘들어서야…

미국 출장을 무사히 마친 김 과장은 귀국길에 공항 커피숍에 들어갔다. 김 과장이 「Waiter!」라고 발음까지 굴리며 부르자 웨이터가 나타났다(사실 미국에서는 웨이터를 부르지 않고 자리로 올 때까지 기다려야 한다는 사실을 김 과장은 몰랐던 것이다. 하지만 그게 무슨 대수랴). 그러자 김 과장은 예의 바르게 please까지 써가며 커피를 주문했다.

> **Please bring a cup of bland coffee.**

그런데 이 웨이터가 꿈쩍도 하지 않는 게 아닌가! 문장이 너무 길어서 못 알아들었나? 김 과장은 손으로 마시는 시늉을 하면서 「Coffee, coffee!」라고 몇 번을 반복했다. 그제서야 웨이터가 커피 한 잔을 갖다 주었다. **'bland' coffee**라고 하면 **맹숭맹숭한(bland) 커피**라는 뜻이 되므로 웨이터가 이상하게 생각할 수밖에.
우리 나라 커피숍에 가서 메뉴판을 보면 종종 'brand' coffee라고 적혀 있는데 이것은 'bland' coffee의 오타다. 그러나 정작 영어에는 bland coffee라는 말이 없다.

○ SITUATION

A: Good morning! You look terrible! Didn't you sleep well?
좋은 아침! 어제 잘 못 잤어? 얼굴이 왜 그 모양이야?

B: I didn't have my morning coffee. I so want a cup.
아침에 커피 못 마셨거든. 진짜 커피 한잔이 간절해.

A: Do you have a special **brand** you like?
특별히 좋아하는 커피 브랜드 있어?

B: No. Just anything will do. But make sure it's strong.
상관없어. 하지만 진하게 타 줘.

- bland 부드러운   - blend 혼합된
This coffee is a **blend** of Java **and** Mocha. 이 커피는 자바와 모카가 섞인 것이다.

Scene 132

→ 비닐봉지도 없다니?

plastic bag

미국에 도착한 지 얼마 안돼 아파트를 구해 이사한 영실. 집안에 청소할 곳이 한두 군데가 아니어서 무엇보다도 비닐 봉지가 절실히 필요했다. 그런데 그 넓은 슈퍼마켓을 다 뒤져도 비닐 봉지가 눈에 띄지 않자 계산대 점원에게 가서 물었다.

May I have some vinyl bag? (×)

영실은 점원이 못 알아듣는 것 같아 waste bag, trash bag 등 쓰레기와 관련된 단어를 아는 대로 읊어댔다. 점원은 그제야 알겠다는 듯이 「Plastic bag..」이라고 말하며 진열된 곳을 가리켰다. 비닐이 vinyl의 한국식 발음이기는 하지만 영실은 **비닐봉지**를 영어로 **plastic bag**이라고 한다는 사실을 미처 몰랐던 것이다. 미국인들은 신용 카드를 plastic이라고도 한다.

그러니까 **비닐 봉지를 샀으면 하는데요**의 올바른 표현은 **I need to buy a plastic bag.**이다.

○ SITUATION

A: **Will this be all, ma'am?**
　손님, 더 필요하신 거 없으십니까?

B: **Yes. Could you put them in a paper bag and not in a plastic bag?**
　네, 비닐봉지 말고 쇼핑백(종이봉지)에 넣어주실 수 있어요?

A: **Of course. But they're 10 cents each.**
　물론이죠. 쇼핑백 하나에 10센트거든요.

B: **Really? Then I'll go with the plastic bag.**
　그래요? 그럼 비닐봉지에다 넣어주세요.

Scene 133

폭탄 머리는 싫은데…

bangs

희수는 미국에 온 후로 미용실에 몇 번 갔는데 짧은 영어 때문에 매번 자기 생각과는 엉뚱한 머리 모양이 나오자 속이 상했었다. 그날도 희수 차례가 되어 미용 의자에 앉자 미용사가 물었다.

How would you like your bangs?

뭐, bang이라구? bang이라면 Big Bang의 bang밖에는 모르는데, 혹시 폭탄머리를 원하느냐고 묻는 건가? 그래서 희수는 싫다고 대답했다. 그러자 어리둥절해진 미용사는 희수의 앞머리를 매만지며 다시 한 번 물었다. 희수는 **bangs**가 앞머리를 뜻한다는 걸 미처 몰랐던 거다. 그러니까 미용사는 "앞머리는 어떻게 잘라 드릴까요?"라고 물어본 것인데 희수는 "싫다"고 대답한 것이다.

○ SITUATION

A: What do you plan on doing this afternoon?
오늘 오후에 뭐 할 거야?

B: I'm going to have my hair permed.
머리 파마하러 갈 생각인데.

A: Why don't you cut your **bangs**? It'll change the way you look.
앞머리도 좀 잘라봐. 새로운 느낌을 줄 거야.

B: That's a great idea! Thanks.
그거 좋은 생각이다. 고마워!

bowel movement

배가 아프다는데 웬 그릇 타령?

미국 유학 생활을 하다보면 아픈 게 가장 걱정이다. 수미는 병원비가 비쌀까봐 웬만큼 아파서는 병원에 안 가려고 하는데 다섯 살 난 딸 혜리가 밤새 아프다며 잠을 설치는데 어쩔 도리가 없었다. 의사가 혜리를 이리저리 살펴보더니, 이렇게 묻는 게 아닌가.

When was this little girl's last bowel movement?

그릇이 마지막으로 움직인 게 언제냐고? 애가 아파서 우는데 웬 그릇 타령인가 싶어 「She didn't break any bowl.」이라고 항변하듯이 말했다. 그러자 의사가 대변보는 자세를 취하며 마지막으로 한 게 언제냐고 물었다. 수미는 그제서야 **bowel movement**가 대변이라는 걸 알아차렸다. 그러니까 미국인들은 '대변'을 '장(腸) 운동'으로 완곡하게 표현하는 거였다. 참고로 설사를 하다는 말은 **have the runs**라고 표현한다.

O **SITUATION**

A: You don't look well. What's the matter?
너 오늘 별로 안 좋아 보인다. 무슨 일이야?

B: I was up all night going to the bathroom.
밤새도록 화장실에 들락거리느라 혼났어.

A: Did you eat something that went bad?
상한 음식 먹은 거 있어?

B: I'm not sure. I **had the runs** last night for three hours straight.
잘 모르겠어. 세 시간 연속 설사했어.

A: Are you still having loose **bowel movements**? If you are, you'd better go see a doctor.
아직 배가 아프니? 그러면 병원 가보는 것이 좋을 것 같아.

• bowel[bául] 장(腸)　• bowl[boul] 그릇

Scene 135 · saline solution

소금물은 안 파는데요!

안경이나 렌즈 없이는 한치 앞도 못보는 승희. 미국의 여배우 Dolly Parton의 가발 벗은 모습은 남편조차도 본 적이 없다고 했는데, 승희 역시 두꺼운 안경을 낀 모습을 웬만해서는 남에게 보이기 싫어했다. 미국에 도착한 지 얼마 안 되어 하루는 식염수를 사러 약국에 갔는데 '식염수'를 영어로 뭐라 하는지 도무지 생각이 나지 않았다. 그래서 궁여지책으로 점원에게 이렇게 말했다.

Can I have some salt water for my eyes? (×)

당연히 점원은 미숙의 말을 못알아듣고 「Pardon?」하고 되물었다. 그게 아닌가보다 생각한 미숙은 바디 랭귀지를 동원하여 힘겹게 **식염수** 한 통을 살 수 있었다. 라벨을 들여다보니 **saline solution**이라고 쓰여 있었다.

○ **SITUATION**

A: How long have you been wearing contacts?
콘택트 렌즈 낀 지 얼마나 됐어?

B: It's been only three weeks. I'm still getting used to them. I feel like I have potato chips in my eyes.
아직 3주밖에 안돼서 적응중이야. 눈 안에 이물질(감자칩)이 들어간 것처럼 뻑뻑해.

A: Didn't your eye doctor give you any **saline solution**?
안과의사가 식염수 안 줬어?

B: Sure he did. But it still takes time to get used to them.
주긴 했는데 그래도 적응하는데 좀 걸리네.

Scene 136 — contact lenses

렌즈 사려는데 웬 카메라 가게?

승희는 눈이 나쁘다보니 미국에 와서 눈 때문에 불편한 일을 겪었다. 한국에서는 안경점에 가면 곧바로 렌즈를 살 수 있지만 미국에서는 안과의 처방전을 들고가야 안경점에서 렌즈를 살 수 있다.

이럴 줄 알았으면 여분의 렌즈를 한국에서 미리 사오는 건데…. 승희는 미국에 와서 식염수를 살 때 다음으로 당황했던 때가 바로 새 렌즈를 사야 했을 때였다. 승희는 안경점이 어디 있는 줄 몰라서 옆집 사람에게 이렇게 물었다.

> **Where can I buy lenses?** (×)

글쎄, 알려준 대로 찾아갔더니 엉뚱하게도 그곳은 카메라 가게였다. 뭐야, 안경점을 알려달랬더니 웬 카메라 가게? 한국에서는 **contact lenses**를 말할 때 앞 단어를 생략하고 **lenses**만 살려 말하는 반면, 미국에서는 뒷 단어를 생략하고 **contacts**만 살려 말하는 줄 미처 몰랐던 거다.

○ SITUATION

A: It's time to change my **lenses**.
나 렌즈 바꿀 때 됐어.

B: What are you talking about? You just bought your camera three days ago.
무슨 소리하는 거야? 3일전에 카메라 샀는데 또 바꿔?

A: No, I meant my **contacts**. I have to change my contact lenses.
카메라 렌즈가 아니라 콘택트 렌즈 바꿀 때가 되었다고.

B: Why didn't you say so?
진작 그렇게 말하지 그랬어.

Scene 137 — ring finger

약 먹은 손가락도 있어?

하루는 샐리와 그 아들 토마스가 아래층 영미네 집으로 놀러왔다. 그런데 한창 뛰어다닐 나이의 토마스가 영미의 딸 소연이와 어울려 놀다가 그만 넘어져서 무릎이 까졌다. 영미가 한국에서 가져온 비상약을 꺼내주자 샐리가 약을 받아 토마스에게 발라주려고 했다. 영미는 바르는 요령을 알려준답시고 "약지를 사용해 바르라"는 뜻으로 이렇게 말했다.

Please use your medicine finger. (×)

medicine finger라니? 그런 손가락도 있나? 영미의 말을 못알아들은 샐리는 고개를 갸우뚱거렸다. 영미는 약지를 영어로 ring finger(대개 이 손가락에 반지를 끼기 때문이다)라고 한다는 사실을 몰랐던 거다. 참고로, 엄지는 thumb, 새끼손가락은 pinky라고 한다.

○ SITUATION

A: **Why do they call it a ring finger?**
어떻게 해서 '반지' 손가락이라는 이름이 붙었어?

B: **I don't know. I've never thought about it.**
글쎄. 잘 모르겠는데, 한번도 생각 안 해봤어.

A: **Is it because you wear your wedding ring on your fourth finger?**
결혼반지를 네번째 손가락에 끼기 때문인가?

B: **That's it! That must be it!**
그거야. 그게 확실하다.

Scene 138

have a run in one's pantyhose

→ 팬티를 벗고 뛰라고?

선주와 리즈는 아이들을 남편들에게 맡겨 놓고 영화를 보러 가기로 했다. 선주는 얼마 전에 산 노란 드레스를 예쁘게 차려 입고서 집을 나섰다. 리즈가 그런 선주를 보고 이렇게 말했다.

> Oh, Sun-Joo, you **have a run in your pantyhose**.

뭐, 팬티를 입고 뛰어야 한다고? 아무리 시간에 늦었기로서니 젊은 여자가 어떻게 팬티 바람으로 뛰어? 날 뭘로 보는 거야? 선주가 잔뜩 못마땅해하고 있는데 리즈가 손가락으로 선주의 스타킹을 가리키는 게 아닌가. 선주는 그제서야 pantyhose(=nylon stockings)가 팬티스타킹을 뜻하는 줄 알았다. 그러니까 have a run in one's pantyhose는 스타킹에 줄이 가다라는 뜻이다.

● SITUATION

A: I had the weirdest experience coming to work this morning. I don't know why but people were snickering behind my back.
오늘 출근길에 이상한 경험을 했다. 사람들이 자꾸 내 뒤에서 피식피식 웃는 거야.

B: Well, no wonder! Did you look in the mirror before you left home?
당연하지! 너 오늘 나오면서 거울이나 보고 나왔니?

A: No, why?
아니 왜?

B: You **have a run in your pantyhose**.
스타킹에 줄이 갔잖아.

A: Oh my gosh! I can't believe I've been walking around the office like this. Do you think that anybody noticed?
웬일이야! 오늘 하루종일 이렇게 하고 다녔다고. 다른 사람들도 다 알았을까?

spring chickens

봄닭이라니?

미국인 회사에서 사장 비서로 일하는 문정은 바쁜 와중에도 한국의 문화나 젊은이들의 사고방식 등에 관심이 많은 사장에게 많은 얘기를 들려준다.

하루는 퇴근 후에 사장을 비롯한 외국인 직원들을 데리고 압구정동에 가게 되었다. 그때 마침 한 무리의 날씬하게 빠진 앳된 아가씨들이 지나갔다. 그러자 외국인 직원들이 이렇게 말하며 키득거리는 거였다.

They are **spring chickens**!

뭐, 봄닭이라고? 쟤들이 머리가 어떻게 됐나? 문정이 고개를 갸우뚱하며 반문하자 그 가운데 한국말 좀 한다는 토미가 spring chickens란 영계를 뜻한다고 일러주었다. 속어로는 spring chicks라고도 한다는 것이다.

○ SITUATION 1

A: Hurry up, will you?
  서두를래?

B: I'm walking as fast as I can. I'm no spring chicken.
  나로선 최선을 다해 빨리 걷고 있어. 난 영계가 아냐.

○ SITUATION 2

A: How was the blind date?
  어제 미팅 어땠어?

B: Well, she's no spring chicken. I'm looking for a young woman.
  글쎄, 영계는 아니야. 나는 젊은 여자를 찾고있어.

영어랑 잠깐 놀다가기

Q | **What does it mean wearing a wedding ring?**
결혼 반지를 끼는 것은 무슨 의미가 있나?

A | **Wedding rings mean that we give ourselves to each other.**
서로를 서로에게 준다는 것을 뜻한다.

In earlier times a wife was considered a possession, and the wedding ring was a sign that she had been purchased by the groom.

예전에 부인은 남편의 소유물로 간주되었으며 결혼 반지는 신랑이 신부를 샀다는 것을 뜻했다.

Virtue is its own reward.
선행은 그 자체가 보답이다.

SITUATION

A: Have you chosen your wedding ring?
결혼 반지 정했니?

B: We've decided on my ring but we're still hesitating to choose Tom's.
내 반지는 정했는데 톰 반지는 아직 정하지 못했어.

A: I thought only the woman wore a wedding ring.
나는 여자만 결혼반지 끼는 줄 알았어.

B: You are so old-fashioned! Rings mean that we give ourselves to each other.
네 생각은 정말 구닥다리구나! 결혼반지는 서로가 서로를 준다는 것을 뜻해.

• 출전 : Collis, H., *101 American Customs*, Passport Books, NTC, 2000.

Act 5 pay lip service

to come down with something
baby shower
a fair-weather friend
Courtesy of CNN
Could you~, please?
Say when!
under age
Shot gun!
be burned out
an item
play go
I work out in a gym.
cassette tape player
toilet vs. restroom
No Soliciting!
salaried employee
after-sales service
window shopping
Scotland Yard
You can say that again.
pay lip service
double or twin?
Mr. Right
learn the ropes
sleep around
to sleep in
stand sb up
better half
ego problem
history
give sb a piece of one's mind.
birthday suit
be in deep water
miss the boat
by a nose

만나는 사람마다 키스를 한다고?

to come down with something

내려온다더니?

미정의 딸 예린이와 베티의 아들 톰이 오늘도 같이 놀기로 했는데 베티에게서 전화가 왔다. "오늘 약속 시간에 조금 늦겠다"는 내용 같았는데, 그 이유를 잘 알아들을 수가 없었다.

Tom is to come down with something.

뭐, 톰이 아래층으로 내려온다고? 무슨 영문인지는 잘 모르겠지만 어쨌든 늦는다는 말 같아 문 앞에서 한참을 기다렸지만 톰이 나타나지 않는 거였다. 나중에 다시 통화를 하고나서야 to come down with something에는 아픈 기운이 있어 보인다(대개 감기에 걸린 것 같다는 의미로도 쓰인다)는 의미도 있다는 걸 알았다.

○ SITUATION

A: I think I **am to come down with something**. Maybe the flu.
나 아무래도 감기몸살 나려고 하나봐.

B: I think you are. You look pale.
아무래도 그런 것 같아. 얼굴이 창백해.

A: I thought I was healthy.
건강 체질이라서 아프리라고는 생각도 못했는데.

B: Well, you thought wrong. Go and rest.
네가 착각하고 있었던 거야. 빨리 집에 가서 자.

• You look under the weather. 몸이 안 좋아 보인다.

아기 목욕을 던져준다고?

baby shower

오후에 잠깐 서현네 집에 들른 에이미가 이렇게 말하는 거였다.

> **My friend is throwing me a baby shower. I want to invite you.**

뭐, 아기 목욕을 던져준다고? 서현은 무슨 말인지 아리송했지만 대충 "아기를 목욕시킨다"는 뜻으로 넘겨짚고 "어쨌든 조심해서 목욕시키라"는 뜻으로 「Be careful, anyway.」라고 말해주었다. 그러자 에이미가 황당하다는 표정을 지었다.

baby shower는 아이 낳을 때가 다가오면 친구들이 조촐하게 열어주는 **출산 준비 파티**다. 대개 여자친구들만 참석하는 이 파티는 태어날 아기에게 줄 선물을 전해주는 자리인데, 각자의 선물을 열어보거나 예쁜 아기 용품을 구경하면서 탄성을 지른다. 결혼 전에 신부를 위해 여자친구들이 열어주는 **결혼 준비 파티**는 **wedding shower**라고 한다.

○ SITUATION

A: When are you expecting the baby? Are you holding up okay?
출산 예정일이 언제야? 잘 버티고 있어?

B: Two more months. I think my back is going to break.
2개월 남았어. 허리가 끊어질 듯한 기분이야.

A: To cheer you up, I'm planning to throw you a **baby shower**. Are you up for it?
기분전환좀 시켜주려고 출산 준비 파티 열어주려고 하는데. 파티할 기분은 나니?

B: Are you kidding? Just tell me the time and I'll be there.
물론이지. 시간만 얘기해. 갈 테니까.

- throw a party 파티를 열다
- bridal shower 예비신부를 위한 파티(신부가 결혼해서 사는 데 필요한 살림살이를 친구들이 선물로 주는 조촐한 파티)
- house-warming party 집들이 파티

a fair-weather friend
좋은 날씨의 친구라고?

재길은 룸메이트 톰이 어느날 싱글벙글한 얼굴로 들어오자 이유를 물었다. 톰은 오랜만에 한국인 친구 성민을 만나고 들어오는 길이라며 이렇게 말하는 거였다.

Sung-Min was just a fair-weather friend.

뭐, 좋은 날씨의 친구라고? 날씨가 좋은 날만 만나는 친구라는 얘긴가? 재길이 의아해하자 톰이 「Sung-Min turned out to be just **a fair-weather friend**. When I needed help with my presentation, he refused.」(성민은 단지 좋을 때만 친구가 된다는 게 드러났어. 내 과제 발표를 도와달라고 했을 때 거절했거든.)라고 보충 설명을 해주었다. 재길은 그제서야 **a fair-weather friend**가 좋을 때만 친구라는 뜻인 줄 짐작할 수 있었다.

O **SITUATION**

A: How are you doing with your roommate Harry?
룸메이트 해리랑 요즘 어떻게 지내니?

B: We're OK. We went to see a movie together last weekend. I think he's a good guy.
잘 지내. 지난 주말에는 같이 영화구경도 같았어. 좋은 친구인 것 같아.

A: You don't know anything about him.
그건 아직 걔 진면목을 모르고 하는 소리야.

B: What do you mean?
그게 무슨 소리야?

A: His ex-roommate James told me that Harry deserted him when he desperately needed some help. I think he's just **a fair-weather friend**.
해리의 전 룸메이트 제임스한테 들었는데, 한번은 절실히 도움이 필요할 때 도와달라고 했더니 해리가 차갑게 거절했대. 내 생각에 해리는 진정한 친구가 아닌 것 같아.

|이삭 줍기

날씨를 사용한 표현

a breeze   미풍, 쉬운 일 ::

Life is a breeze.
인생은 별일 아니다.

under the weather   기분이 좋지 않은 ::

Bill was under the weather, so he didn't go to work.
빌은 기분이 내키지 않아 일하러 가지 않았다.

(come) rain or shine   날씨가 어떻든지 ::

My brother lives 80 km away, but he will be at my birthday party come rain or shine.
내 동생은 80km 떨어진 곳에 사는데, 날씨가 어떻든지 내 생일 파티에 올 것이다.

full of hot air   말만 그럴싸한, 허풍스러운 ::

A lot of politicians are full of hot air.
정치인들은 대부분 말만 그럴싸하다.

for a rainy day   궂은 날에 대비하여 ::

My parents saved money for a rainy day.
부모님은 안 좋은 때를 대비하여 절약하셨다.

storm   폭풍우, 고난 ::

After a storm comes a calm.
폭풍우 뒤에는 고요가 깃든다(苦盡甘來).

Scene 143
Courtesy of CNN
웬 감사 표시를 저렇게 해?

대학 1학년인 성우는 여름 방학을 맞아 어학 연수차 미국에 왔는데 사촌 누나 미영의 집에 기거하고 있었다. 하루는 미영과 함께 거실에서 TV 뉴스를 보고 있는데, TV 화면 왼쪽 윗부분에 조그맣게 떠 있는 자막이 보였다.

Courtesy of CNN

'CNN으로부터의 감사'가 뭐야? 미영에게 물어보았지만 미영도 "CNN과 이 방송사가 업무 교류 관계에 있으니까 감사하다는 거겠지…"라는 식으로 대충 얼버무리는 눈치였다. '그렇다고 감사 표시를 왜 저런 식으로 해야 하는지 모르겠다'는 성우의 궁금증을 풀어주지는 못했다. 성우는 저녁에 큰아버지께 여쭤보고 나서야 **Courtesy of CNN**이 CNN이 제공해 준 화면이라는 뜻인 줄 알게 되었다.

○ SITUATION

A: Our debate topic today is nuclear bombs.
오늘 토론 주제는 핵 폭탄입니다.

B: I have prepared visual aides **courtesy of a friend** who works at the New York Times.
《뉴욕타임스》에서 일하는 친구가 있는데, 그 친구가 제공해준 시각 자료를 준비했습니다.

A: Great. Shall we start?
잘 됐네요. 그럼 이제 시작해볼까요?

- **Compliments** of Ace Hotel 에이스 호텔 증정

Scene 144
Could you~, please?

→ **좀 공손하게 부탁하면 어디가 덧나니?**

미라는 짧은 영어 때문에 종종 미국인 친구들의 사소한 오해를 산다. 친구들은 미라를 당돌하다고까지 생각하기도 한 것 같다. 하루는 룸메이트인 앤과 함께 숙제를 하는데 앤이 먼저 끝마쳤다. 미라는 한국에서 친구들이 보내온 편지가 편지함에 와 있지 싶어 아무 생각 없이 앤에게 이렇게 부탁(?)했다.

Go check the mail.

그러자 앤이 대뜸 「I'm not your servant!」(나는 네 하인이 아니야!)라고 역정을 내는 게 아닌가. 순간 미라는 몹시 서운했다. 자기도 내게 자주 부탁했으면서… 별것도 아닌 부탁을 꼭 이렇게 매정하게 거절해야 속이 시원한가? 그러나 미라는 앤이 명령 식의 무례한 말투에 불쾌해졌다는 사실을 미처 몰랐던 거다. 영어에서는 아무리 친한 사이라도 부탁을 할 때는 격식을 차리는 편이다. 미라는 **Could you go check the mail, please.**라고 했어야 했다. 습관적으로 동사가 먼저 입 밖으로 나와 버렸다면 문장 뒤에라도 'please'를 꼭 붙이자.

○ SITUATION

A: **Could you** do me a favor?
부탁하나 들어줄 수 있어?

B: It depends on what it is.
부탁이 뭔가에 따라 다르겠지.

A: **Could you** lend me five bucks?
나 5달러만 빌려줄 수 있어?

B: Only if you say "please."
"부탁이야"라고 말하면 줄게.

Say when!

때를 말하라니요?

누구에게나 유학 생활은 고달프게 마련인데 윤희는 그나마 다이애나의 도움으로 한결 수월하게 지낼 수 있었다. 추수감사절(Thanksgiving)이 닥치자 다이애나가 윤희더러 자기 집으로 함께 가자고 했다. 추수감사절과 성탄절은 우리의 추석이나 설과 마찬가지로 모두들 고향집으로 돌아가서 캠퍼스가 텅 비다시피하기 때문이었다. 다이애나의 엄마가 윤희를 반갑게 맞아주셨다. 그런데 윤희에게 커피를 따라주시며 이렇게 말씀하시는 게 아닌가.

Say when!

결혼을 언제 하느냐고? 윤희는 여기서도 한국에서처럼 과년한 처녀만 보면 결혼 얘기부터 꺼내나보다 여겼다. 윤희는 마지못해 「Not in the near future.」(가까운 장래에는 계획이 없어요.)라고 대답했다. 그러자 다이애나의 엄마는 웬 동문서답이냐는 표정을 지었다.
윤희는 **Say when!**이 (음료수를 따라주면서) **얼마만큼 따르는 게 좋은지 말해 줘요!**라는 뜻인 줄 미처 몰랐던 거다. 이때 따르는 사람에게 **이제 됐어요!** 또는 **그만!**이라고 말하려면 **When!**이라고 하면 된다.

○ SITUATION

A: Would like some more wine?
와인 더 드시겠습니까?

B: I don't think I'll be able to drink a full glass.
한잔은 다 못 마실 거 같은데…

A: Then **say when**.
그럼 얼마만큼 따르는 게 좋은 손님께서 말씀해 주세요.

나이 많은 게 무슨 자랑이야?

under age

재미있게 어학연수를 받고 있는 미영의 사촌 동생 성우에게는 한 가지 불만이 있다. 지금 사는 동네에는 가볍게 술 한잔 마실 수 있는 곳이 없다는 것이다. 그래서 미라에게 좀 멀리 가더라도 분위기 있는 곳에 가서 한잔 마시자고 졸랐다. 그러자 옆에 있던 미라의 친구 제인이 이렇게 말하는 거였다.

We can't go. You are under age.

뭐, 내가 자기보다 어리다고? 누가 그걸 모르나? 새삼스럽게 나이 많다고 유세하는 거야 뭐야? 그렇다고 술 마시러 갈 수 없다는 건 또 뭐야? 성우가 투덜거리자 미라가 배꼽을 잡으면서 **under age**란 미성년자를 뜻한다고 일러주었다. 미국에서는 술을 마실 수 있는 성년의 나이가 주에 따라 다르지만, 대체로 21세다.

○ SITUATION

A: Did you see the news last night?
어젯밤 뉴스 봤어?

B: No, I got in late. Why?
아니, 어제 집에 늦게 들어갔어. 근데 왜?

A: A seventeen-year-old high school boy was caught driving drunk.
17세 고등학교 남학생이 음주운전으로 걸렸대.

B: A seventeen-year-old? Isn't **underage** drinking illegal?
17살이라고? 미성년자 음주는 불법이잖아.

A: I know. What is this world coming to?
그러게 말이야. 세상이 어떻게 돌아가려고 하는지.

Shot gun!

내가 찜했어!

우철, 팀, 마크 이렇게 셋이서 처음으로 함께 차를 탔을 때 웃지 못할 일이 벌어졌다. 팀이 신형 convertible(뚜껑 열리는 차)을 갖고 있다는 이야기만 들은 우철은 언젠가 한번 말로만 듣던 convertible을 타보겠다는 기대가 대단했다. 기다리던 날이 마침내 온 것이다. 주차장을 향해 가는 세 사람. 그런데 마크가 팀의 차를 보는 순간 이렇게 외치는 게 아닌가.

Shot gun!

순간 우철은 본능적으로 허리를 낮추며 고개를 아래로 처박았다. 아무 일도 벌어지지 않자 고개를 들었더니, 마크는 이미 운전석 옆자리에 타고 있었다. 우철은 투덜대면서 "강도가 나타났다더니 어찌된 일이냐?"고 마크에게 물었다. 그러자 팀과 마크는 배꼽을 잡고 웃는 거였다.

우철은, 젊은이들이 차를 보고 **Shot gun!**이라고 외치면, 자기가 **앞자리(조수석)는 내가 찜했어!**라는 뜻인 줄 걸 미처 몰랐던 거다. 「He rode shot gun.」이라고 하면, "그는 운전석 옆자리에 타고 갔어"라는 뜻이 된다.

○ SITUATION

A: My dad bought me a sports car for my graduation present.
우리 아버지가 졸업 선물로 스포츠카를 사주셨다.

B: You are so lucky! Can I go for a ride?
너무 좋겠다. 한번 태워줄 거지?

A: Sure. Do you want to go now?
물론이지. 지금 갈까?

C: Take me too!
나도 데려가!

A: Okay.
그래.

B: **Shot gun!**
운전석 옆자리는 내가 찜했어!

be burned out

→ 속은 내가 타는데…

우철의 룸메이트인 마크와 팀은 시험 기간 내내 도서관에 파묻혀 살아 얼굴 한번 제대로 볼 수 없었다. 연수생인 우철이야 시험과는 무관한지라 룸메이트들이 시험에 매달려 있는 동안 무료하기까지 했다. 마크와 팀이 시험 보느라 초긴장 상태에 빠져 있는 가운데 생일을 맞은 우철은 그들을 꼬드겨 한잔 마시러 가려고 시험이 끝나기만을 학수고대하고 있었다. 마침내 시험이 끝났지만 둘 다 우철의 얘기를 들은 척도 안 했다. 마크가 이렇게 말하며 침대에 쓰러져 버렸다.

I am burned out.

뭐, 속이 탄다고? 속이 타는 건 나야 나! 너무 오랫동안 목에 기름칠을 안했더니 곰팡이가 슬 것 같다고…. 제발 한잔 마시러 가자구! 우철은 be burned out이 완전히 기진맥진하다라는 뜻인 줄도 모르고 기진맥진해 있는 친구들을 원망했다.

○ SITUATION

A: How was your weekend?
주말 잘 보냈어?

B: Don't even ask. I spent the weekend finishing my history report.
말도 마. 주말 내내 역사 리포트 썼어.

A: Wow. You must be burned out.
너 완전 기진맥진한 상태겠다.

B: You can say that again. My neck and arms are sore all over.
당연하지. 목하고 팔이 다 쑤신다.

Scene 149

어떤 아이템인데?

an item

인희의 기숙사 옆방에 사는 친구 낸시가 인희의 방문을 열며 이렇게 외치는 거였다.

> Did you hear? Mike and Olivia are **an item** now.

마이크와 올리비아가 하나의 아이템이라고? 그렇다면 둘이 무슨 연구 프로젝트의 실험 대상이라도 되었다는 얘긴가? 도대체 무슨 소린지? 인희는 답답한 나머지 「What sort of item?」(무슨 종류의 아이템인데?) 하고 물었다. 그러자 오히려 낸시가 더 답답하다는 듯 「They are a couple now!」라고 소리를 질렀다.
인희는 그제서야 an item이 a couple 즉 연인 사이의 뜻인 줄 알아차렸다.

○ SITUATION

A: Did you hear the news?
소식 들었어?

B: What? What's the matter?
무슨 소식? 무슨 일인데?

A: Tom Cruise and Nicole Kidman announced they are going to get a divorce!
톰 크루즈랑 니콜 키드만이 이혼한대!

B: Are you sure? They were such a perfect item….
확실해? 진짜 딱 어울리는 커플이었는데….

Scene 150

play go

고스톱 칠 줄 아느냐고?

정보통신 회사에 다니는 이 부장은 업무상 외국인들과 만날 기회가 많지만, 아직 영어가 입에서 술술 나와주는 단계는 아니었다. 하루는 크로포드(일본에서도 근무한 적이 있으며 아시아 통이다)를 접대하게 되었는데, 그가 이 부장에게 이렇게 물었다.

> **Do you play go, Mr. Lee?**

뭐, go? 아하, 고스톱 칠 줄 아느냐고? 그럼 아다마다! 이 사람 일본에서 살았다더니 고스톱에 맛들인 모양이군…. 이 부장은 자신있게 「Yes, I play go-stop very well!」(물론이지. 난 고스톱 선수야!)이라고 대답했다. 그러자 크로포드는 「Go-stop?」이라고 반문하면서 이 부장을 멀뚱하게 쳐다봤다. 이 부장은 **play go** 또는 **play goh**가 **바둑을 두다**라는 뜻인 줄은 짐작도 못한 것이다.

○ SITUATION

A: I'm thinking about taking up a new hobby. Any ideas?
나 취미 하나 새로 만들어야겠어. 뭐 좋은 아이디어 없어?

B: Why don't you try **learning go**?
바둑 한번 배워보지 그래?

A: Isn't that boring?
너무 따분하다고 생각 안 해?

B: Not at all. I heard that it is a great way to prevent Alzheimer's disease because you are constantly using your head.
전혀. 바둑을 두면 머리를 많이 쓰니까 치매 예방에도 좋대.

Scene 151 — I work out in a gym.

운동하러 갔다왔는데…

오 차장은 요즘 새벽마다 하루씩 번갈아가며 영어 학원과 헬스 클럽을 다닌다. 지난밤 과음한 오 차장은 술이 덜 깼는지 요일을 착각하여 영어 학원 갈 날에 헬스 클럽으로 향했다. 운동을 하다가 생각해보니 오늘은 영어 강의 듣는 날이었다. 아차 싶어 황급히 학원으로 뛰어갔더니 강사인 지미가 지각한 그에게 「Why are you late this morning, Mr. Oh?」(미스터 오, 왜 이리 늦었지요?)라고 물었다. 그러자 오 차장은 이렇게 대답했다.

I went to a health. (×)

헬스에 가다니? 지미는 오 차장의 말에 어리둥절한 표정을 지었다. 오 차장은 **헬스 클럽**을 **gym**이라고 하는 줄 몰랐던 거다. 만약 "헬스 클럽에 다녀요"라고 말하려면 **I work out in a gym**이라고 표현할 수 있다.

O SITUATION

A: How do you stay so fit?
어쩜 몸매 관리를 그렇게 잘해?

B: Nothing special. I work out three times a week for an hour.
특별한 거 없고 그냥 1주일에 세 차례, 한 시간씩 운동해.

A: Do you **go to a gym**?
헬스 클럽에 가서 운동하는 거야?

B: Yes. I usually work on the treadmill.
응. 주로 러닝머신을 하고 있지.

• treadmill 러닝머신 • dumbbell 아령 • push-up 팔굽혀펴기 • chin-up 턱걸이 • sit-up 윗몸 일으키기

cassette tape player
카세트를 빌려달라고?

정윤은 친구 브라이언과 함께 감미로운 음악을 들으면서 노닥거리고 있었다. 그때 느닷없이 분위기를 깨면서 수나가 들어와 브라이언에게 "받아쓰기 숙제를 해야 하는데 카세트의 전지가 다 나갔다"고 하면서 이렇게 말했다.

Can I borrow your cassette? (×)

그러자 브라이언은 「Then, you will need my **cassette tape player**, not my cassette.」(그렇다면 카세트가 아니라 카세트 테이프 플레이어가 필요한 거겠지.)라고 바로잡아 주었다.

녹음기는 **cassette tape player**인데 한국에서는 이것을 줄여 '카세트'라고 하지만, 영어에서는 cassette라고만 하면 '녹음된 테이프'로 오해한다.

○ SITUATION

A: I need a **cassette tape player** for school tomorrow? Can I borrow yours?
나 내일 카세트를 학교에 가져가야 하는데 빌려줄 수 있어?

B: Yeah, sure. It's a bit heavy. Do you think you can handle it?
그래. 근데 좀 무겁거든. 들고 갈 수 있겠어?

A: Don't worry. My mom is dropping me off school tomorrow.
걱정 마. 엄마가 내일 학교까지 태워다 주실 거야.

Scene 153 · toilet vs. restroom

→ 누가 호텔을 알려달래?

대서양을 사이에 두고 있는 미국과 영국의 영어가 같을 수는 없다. 발음뿐 아니라 단어도 다른 경우가 부지기수다. 얼마 전에 재희가 영국에 다녀와서 겪은 짤막한 이야기. 모교 교수님의 심부름 차 켄트 교수와 만나서 식사를 마치고 나오다가 식당 종업원에게 이렇게 물었다.

Where is the restroom?

그러자 종업원은 무슨 얘긴가 하고 어리둥절해하더니 건너편에 있는 호텔을 가리키는 거였다. 재희는 영국에서는 화장실을 restroom이라 하지 않고 toilet이라 한다는 걸 몰랐던 거다. 그러니까 화장실이 어디예요?라고 물어보려면 Where is the toilet?(영국)과 Where is the restroom?(미국)을 나라에 따라 구분하여 표현해야 한다.

○ SITUATION

A: Is there a **restroom** on this floor? I think I had too much coke.
이 층에 화장실 없나? 콜라를 너무 많이 마신 것 같아.

B: I think there is one on the eighth floor.
8층에 있는 거 같던데.

A: Great. I'll meet you right here in ten minutes.
잘됐다. 바로 여기서 10분 후에 보자.

• coke 콜라, 종종 '코카인'으로도 쓰인다.

No Soliciting!

→ 뭘 하지 말라는 거지?

병철이 미국에 온 지도 어언 일 년이 되어가면서 웬만한 영어는 구사할 수 있게 되었다. 그런데 어느 날인가 식당을 나오면서 출입문에 이런 문구가 붙어 있는 것을 발견하였다.

No Soliciting!

뭘 하지 말라는 거지? 유혹하지 말라고? 집에 와서 열심히 사전을 뒤져보았지만 알 길이 없었다. 그래서 얼마 후 메리와 함께 식당에 갔을 때 물어보았다. 그랬더니 **No Soliciting!**은 잡상인 출입 금지!, **No Panhandling!**은 구걸 금지!라고 알려주었다.

○ SITUATION

A: I'm sorry sir but I have to ask you to leave.
죄송하지만 여기서 나가주셔야 합니다.

B: I'm not doing anything wrong.
잘못한 거 없는데 왜 그래요.

A: Didn't you read the sign outside?
밖에 붙여놓은 간판 못 보셨어요?

B: No.
못 봤어요.

A: It says 'No Soliciting!' So I'm going to ask you for the last time, please leave before you disturb the customers.
'잡상인 출입 금지' 라고 쓰여 있습니다. 다른 손님들한테 방해되지 않게 어서 나가주세요.

Scene 155 : salaried employee

샐러리맨이 아니라고?

옆집에 사는 제인과 가끔 만나 차 한잔 마시는 사이가 된 영주는 제인에게 남편이 뭘 하느냐고 물었다. 그러자 제인은 「He works for an insurance company.」(보험회사에서 일해.)라고 대답했다. 영어에 자신이 생긴 영주는 다시 「Is he a salaryman?」하고 물었다.
제인이 당연히 그렇다고 대답할 줄 알았는데 「No, he's not.」이라고 했다. 그러자 어리둥절해진 영주는 「But you said he works for a company.」(네 남편이 회사에서 일한다고 했잖아.)라고 반문했다. 그러자 영주의 의도를 알아챈 제인이 이렇게 대답했다.

He is a salaried employee.

영주는 그제서야 **월급쟁이**를 영어로 salaryman이 아니라 **salaried employee(=a white collar worker)**라고 하는 줄 알게 되었다.

SITUATION

A: **What kind of a job do you want your future husband to have?**
너는 미래 남편이 어떤 직업을 가진 남자였으면 좋겠어?

B: **A dentist or pediatrician. What about you?**
치과의사 아니면 소아과 의사였으면 좋겠어. 넌?

A: **A salaried employee would be OK too if he makes monthly salary of more than $3,000.**
샐러리맨이라도 월급이 3천 달러 이상이면 괜찮아.

애프터서비스

after-sales service

명숙은 학교 컴퓨터만으로는 도저히 과제를 처리할 수 없어 컴퓨터를 한 대 장만할 수밖에 없었다. 그래서 이왕이면 애프터서비스를 잘 받을 수 있는 유명 회사 제품으로 구입했다. 그런데 몇 달쯤 지나서 프린터가 말썽을 부렸다. 전화로 말하기에는 자신이 없어 이메일로 다음과 같이 애프터서비스를 의뢰했다.

> **I want your after service for my printer. (✗)**

그런데 며칠 후 「We don't provide that kind of service.」(우린 그런 종류의 서비스를 제공할 수 없습니다.)라는 내용의 회신이 왔다. 뭐가 잘못되었을까? 명숙은 **애프터서비스**를 영어로 **after-sales service** 또는 **customer service**라고 표현하는 줄 몰랐던 거다.

◯ SITUATION

A: I can't believe this. My cell phone doesn't ring!
 웬일이니. 휴대폰 벨이 고장났어!

B: No wonder, it was so cheap. You practically got it for free.
 그러니까 값이 그렇게 싸지. 거의 공짜로 얻었다고 해도 과언은 아니지.

A: Do you think I can get **after-sales service**?
 이거 애프터서비스 받을 수 있을까?

B: If I were you, I'd get a refund and buy another model even if you have to pay extra.
 내가 너라면 환불받고 돈좀 더 주고서라도 다른 모델 사겠다.

Scene 157

window shopping

→ 눈알을 사러 가자고?

미국 유학중 친해진 다이애나와 유럽 배낭 여행을 떠난 현주는 드디어 말로만 듣던 영화의 도시 프랑스 칸(Cannes)에 도착했다. 세계 스타들을 위한 명품들이 즐비했지만 그림의 떡! 그래서 돈 안 드는 아이쇼핑을 가자고 말했다.

Let's go eye shopping to the mall. (×)

순간 다이애나는 눈이 휘둥그레지며 「You mean eye shopping?」(눈알을 사러 가자고?)이라고 반문했다. 현주는 그제서야 뭐가 잘못되었는지 깨달았다. 아이쇼핑은 영어로 **window shopping**이라 한다.

○ SITUATION

A: I've been stuck inside all day. I'm climbing the walls. Do you want to go out?
하루종일 집안에만 있으니까 답답해서 미칠 것 같아. 안 나갈래?

B: It's raining… Want to go **window shopping**?
비오는데… 우리 아이쇼핑이나 하러 갈까?

A: Anything is fine with me. I just want to get out of this house!
어디를 가든 상관없어. 나가기만 하면 돼!

B: Grab your coat. Let's take my car.
잠바 챙겨… 내 차로 가자.

Scene 158 | Scotland Yard

느닷없이 웬 정원?

탐정 스토리를 좋아하는 국영이 하루는 영국의 추리 영화를 보고 있는데, 배우의 입에서 분명 이런 말이 튀어나왔다.

Scotland Yard?

그러나 온 신경을 집중해 들어도 영화의 내용은 스코틀랜드와는 무관했다. 배경도 런던이고, 주인공들도 모두 런던에 사는 사람들이었다. 혹시 '스코틀랜드'라는 공원이 있나? 국영은 영화가 다 끝날 무렵이 되어서야 **Scotland Yard**가 **영국 경찰청의 별명**이라는 사실을 알게 되었다.

○ SITUATION

A: Did you see the movie "101 Dalmatians"?
너 「101마리 달마시안」이라는 영화 봤어?

B: Who didn't? Those dogs were so cute!
안 본 사람이 어디 있겠냐. 개들이 너무 귀여웠어.

A: Do you remember the scene when the puppies were missing and the nanny called the police? What was the name of the police station she called? It's at the tip of my tongue.
강아지들이 없어져서 유모가 경찰에 신고한 장면 기억나? 그 경찰서 이름이 뭐였더라? 생각날 듯 말 듯하는데.

B: **Scotland Yard**?
스코틀랜드 야드(영국 경찰청) 말야?

A: Yes! Thank you.
맞아! 고맙다!

Time out

영어랑 잠깐 놀다가기

Q **Why do people believe that apples are good for health?**
왜 사과를 먹으면 건강에 좋다고 하나?

A Apples have long been connected to superstitions about health, love and death. Nowadays, a common belief is that the apple will bring good health to the person who eats it. A well-known American saying is **An apple a day keeps the doctor away**.
오래 전부터 사과가 건강, 사랑, 죽음과 관련이 있다고 믿어왔다. 오늘날에도 사과를 먹으면 건강에 좋다고 믿는다. 잘 알려진 영어 표현을 보더라도 "매일 사과를 하나씩 먹으면 의사를 볼 필요가 없다."

As you sow, so you reap.
뿌린 대로 거둔다.

○ SITUATION

A: Mom, these apples are really good. This is the second one I've had today.
엄마, 이 사과 정말 맛있어요. 오늘 벌써 두 개째예요.

B: I'm glad you like them. It's better to spend money on healthy food than on a visit to the doctor.
사과를 좋아한다니 다행이구나. 병원 비용으로 돈을 쓰는 것보다 건강에 좋은 것을 먹는 데 쓰는 것이 좋지.

• 출전 : Collis, H., *101 American Superstitions*, Passport Books, 1998.

Scene 159

You can say that again.

다시 얘기해달라고?

불굴의 의지로 오로지 공부만 하겠다고 유학온 승만을 처음으로 난감하게 한 것은 기숙사 옆방 친구들이었다. 매일 음악을 크게 틀어놓아 도저히 공부에 집중할 수 없었다. 그런데 어느 날 수호 천사가 나타났다. 저녁마다 음악을 틀어놓고 술판을 벌이던 옆방 문제아(?)들이 다른 동으로 이사를 가버렸다. 밀린 체증이 다 가신 듯하여 승만은 룸메이트인 빌에게 신나게 얘기했다. 그러자 빌이 김빠지는 소리를 하는 거였다.

You can say that again.

뭐, 기껏 힘들여 말해줬더니 다시 한 번 해달라고? 슬며시 오기가 치민 승만은 「No, I can't.」(리바이벌은 못하겠는데.)라고 잘라 말했다. 그러자 빌이 무슨 얘기를 하느냐는 투로 승만을 멀뚱하게 쳐다보았다. 승만은 You can say that again이 정말 동감이야라는 뜻인 줄 몰랐던 거다.

만약 "한 번만 더 말해 줘"라는 뜻이었다면 「Please say it again.」이라고 했을 것이다.

○ SITUATION

A: **9/11 was horrible, wasn't it?**
9/11 사태 정말 끔찍하지 않았니?

B: **It sure was. It was like a scene right out of a movie.**
그러게. 영화의 한 장면을 보는 거 같았어.

A: **I don't think I'll be able to get on a plane again.**
다시는 비행기를 못 탈 것 같아.

A: **You can say that again.**
동감이야.

Scene 160

pay lip service

만나는 사람마다 키스를 한다고?

올리비아는 태우에게 "도움이 필요하면 언제든 찾아오라"고 입버릇처럼 말했다. 그래서 어느날 태우는 올리비아에게 영어 교정을 부탁했는데 언제 그랬느냐는 듯이 매몰차게 거절하는 게 아닌가! 무안을 당한 태우는 친구 찰스에게 올리비아에 대한 불만을 털어놓았다. 그러자 찰스가 이렇게 말했다.

> **She's paying lip service to everyone she meets.**

뭐, 올리비아가 만나는 사람마다 키스를 한다고? 순진한 태우는 얼굴이 벌개진 채로 「Then, why didn't she do that to me?」(왜 나한테는 키스해 주지 않았지?)라고 반문하며 섭섭한 표정을 감추지 못했다. 태우는 **pay lip service**가 입에 발린 소리를 하다라는 뜻인 줄 모르고 혼자서 야릇한 상상을 했던 거다.

○ SITUATION

A: Would you look at how he is acting in front of those people?
재가 사람들 앞에서 하는 행동 보이냐?

B: He is something.
대단한 것 같아.

A: Not only does he flirt with every female species on earth he **pays lip service** to everyone he meets!
여자들을 꼬실 뿐 아니라 만나는 사람마다 입에 발린 소리만 하잖아!

B: Like I said, he is something.
내가 말했듯이, 정말 대단한 애야.

Double or twin?

우린 쌍둥이가 아니라니깐!

런던의 한 모텔에 도착한 호준과 현식은 방이 있는지를 물었다. 그러자 직원이 대뜸 이렇게 말하는 게 아닌가?

Double or twin?

무슨 말인지 헷갈린 호준네와 직원간에 동문서답식 실랑이가 벌어졌다.

호준 : **We're not twins. We want a room for two.**
우린 쌍둥이가 아니야. 우린 2인용 방을 원한다고.

직원 : **Yes, I know that. But do you want a double or twin?**
저도 그건 아는데요. 더블이나 트윈 가운데 뭘 원하느냐고요?

호준 : **We are not twins!**
우린 쌍둥이가 아니라니깐!

화가 난 호준과 현식은 모텔 문을 박차고 나와 버렸다. 방 주기 싫으면 그렇다고 할 것이지, 왜 멀쩡한 사람을 쌍둥이로 만들어? 호준네는 **double**이 2인용 큰 침대, **twin**이 1인용 침대 둘이라는 뜻인 줄 미처 몰랐던 거다.

○ SITUATION

A: Honey, did you make reservations for a hotel?
여보 호텔 예약은 해놨어요?

B: I made reservations yesterday. One room with a **double**.
어제 했어. 더블(2인용 큰 침대)로.

A: Great. All we have to do is pack.
그건 됐고 이제 짐 싸는 일만 남았네요.

B: Let's not try to pack too much like last time.
지난번처럼 너무 많이 싸지 말자.

Scene 162

사귀는 사람 없는데…

Mr. Right

은아는 20대를 넘긴 게 엊그제 같은데 벌써 생각만 해도 끔찍한 30줄에 들어섰다. 그런데도 아직 '사랑하는 그 사람'이 생기지 않아 우울한 생일을 맞을 수밖에 없었다. 걱정이 된 베티가 은아에게 물었다.

> **Are you waiting for Mr. Right?**

뭐, 라이트씨를 기다리고 있느냐구? 놀란 은아는 「I don't have a boyfriend by that name. Who's Mr. Right, by the way?」(난 라이트라는 이름의 남자 친구 없어. 그 사람 도대체 누구니?)라고 반문했다. 은아는 **Mr. Right**가 이상적인 신랑감을 뜻하는 말인 줄 미처 모르고 동문서답을 한 것이다.

○ SITUATION

A: So what is this big news you wanted to tell us?
우리한테 말해줄 빅뉴스가 도대체 뭐야?

B: I finally met **Mr. Right**. I am so in love.
드디어 내 이상형을 만났어. 그 사람한테 푹 빠졌다.

C: Congratulations! So when are you going to introduce him to us?
축하해! 그 사람 언제 우리한테 소개시켜 줄 건데?

B: Are you guys free tomorrow night?
내일 저녁 시간 괜찮아?

A&C: Yup!
물론!

learn the ropes

로프 던지기를 배우라고?

미국계 회사 신입 사원 혜원은 회사 일에 적응이 잘 되지 않아 고민하던 끝에 직속 상사인 폴을 찾아가 고민을 털어놓으며 조언을 구했다. 그러자 폴이 이렇게 말했다.

> Don't worry. You'll **learn the ropes** soon.

뭐, 로프 던지기를 배우게 될 거라고? 다른 일을 찾아보라는 건가? 일 배우는 게 좀 늦기로 서니 이리 매정하게 굴 건 뭐람. 충격을 받은 혜원은 잠시 말을 잊었다. 해고당하기 전에 내 발로 먼저 걸어나가야지…. 혜원은 고민 끝에 한국인 상사에게 이 말을 전하자 그는 파안 대소하며 오해를 풀라고 했다. 혜원은 **learn the ropes**가 요령을 터득하다라는 뜻인 줄 모르고 괜한 오해를 한 거였다.

○ SITUATION

A: How was your first day as a salesman?
영업사원으로 출근 첫날 어땠어?

B: It was a nightmare.
악몽 같은 시간이었어.

A: Don't worry. You'll **learn the ropes** soon enough.
걱정 마. 곧 요령을 터득하게 될 거야.

B: I hope so.
그랬으면 좋겠다.

sleep around

그게 무슨 자랑이라고?

늘 자신의 처신에 자신만만해하는 소피아가 하루는 준식에게 이렇게 말했다.

I never sleep around like other girls.

뭐, 떼굴떼굴 구르면서 자지 않는다고? 그게 무슨 자랑이라고? 그렇담 다른 여자들은 죄다 구르면서 잔다는 거야 뭐야? 어이가 없어진 준식은 「My sister **sleeps around**, but there's no problem with her marriage.」(내 누나는 잠버릇이 고약하지만, 결혼에 전혀 지장이 없었어.)라고 톡 쏘아주었다. 이 말을 들은 소피아는 한동안 준식을 상면하려 하지 않았다. 준식은 **sleep around**가 아무하고나 자다라는 문란한 성행위를 뜻하는 걸 미처 모르고 자기 누나를 괜히 난잡한 여자로 만들어 버린 거였다.

● SITUATION

A: Do you know Sally?
샐리라는 애 아니?

B: Know her? She's the captain of the cheerleading squad in our school. Everybody knows her.
아나구? 우리 학교 치어리더 캡틴인데 모르는 사람이 어디 있냐. 다 알아.

A: Uh-huh. I just heard from Julia that she is **sleeping around** with the entire football team.
근데 방금 줄리아에게 들은 건데… 걔 우리 학교 미식축구 선수들 아무하고나 자고 다닌대.

B: Duh. Everybody in school knows that.
뒷북치고 그래. 전교생이 다 아는 사실이야.

to sleep in

아무렴 외박하고 다닐까봐?

영어를 하나라도 더 배우겠다는 일념으로 미국인 집에 하숙을 하고 있는 수지. 하루는 하숙집 주인 매기가 이렇게 묻는 거였다.

> It's Sunday tomorrow. Are you going **to sleep in**?

아무리 내일이 일요일이라도 그렇지, 집에서 안 자면 밖에서 자냐고? 나를 그렇게 헤픈 여자로 보다니? 생각할수록 화가 난 수지는 뜬눈으로 밤을 지새고 다음 날 아침 매기에게 따졌다. 수지는 **to sleep in**이 늦잠 자다라는 뜻인 줄 모르고 괜히 혼자서 열을 낸 거였다.

○ SITUATION

A: Do you want to catch an early movie tomorrow?
내일 조조 영화 보러갈까?

B: I think I'll have to take a rain check. I'm going **to sleep in** tomorrow.
다음 번에 보자. 나는 내일 푹 늦잠 잘 거야.

A: That's a total waste of time!
완전 시간낭비하는 거잖아!

B: Not if you haven't slept in two days.
이틀 동안 잠 못 잤으면 그런 생각 안 들어.

stand sb up

밤새 세워두었다고?

조지는 데이트 약속에 늦지 않으려고 택시까지 타고 약속 장소로 나갔건만 한 시간을 기다려도 수잔은 나타나지 않았다. 다음 날, 학교에서 영훈을 만난 조지는 어젯밤 일을 털어놓으면서 이렇게 얘기했다.

> She **stood me up** last night.

뭐, 그녀가 조지를 길가에 세워두었다고? 어젯밤엔 비바람까지 몹시 불었는데 혹시 조지가 감기에 걸리지는 않았는지 걱정이 된 영훈이 괜찮으냐고 물었더니, 조지는 커피숍에서 앉아서 기다렸다는 것이다. 아니, 얘가 지금 나를 놀리나? 여자 친구가 자기를 한 시간이나 세워놓았다고 하고선 이제 와서 앉아 있었다니? 영훈은 **stand sb up**이 바람맞히다라는 뜻인 줄 모르고 괜한 걱정을 한 거였다.

O SITUATION

A: How was your date?
어제 데이트 잘했어?

B: Don't even ask.
묻지도 마.

A: What happened? Wasn't she the girl of your dreams?
왜? 꿈에 그리던 이상형이 아니었어?

B: I didn't even have the chance to see whether she was the girl of my dreams. She **stood me up**!
이상형인지 아닌지 보지도 못했다. 완전 바람맞혔어!

better half

반쪽 인간이라니?

군대에 다녀온 후 미국 대학원에 진학한 귀열은 얼마 전부터 이런 질문을 받기 시작했다.

Where's your **better half**?

뭐, 더 좋은 반쪽이 어디 있느냐구? 무슨 동화에 나오는 반쪽 인간과 관계된 말인가? 어리둥절해진 귀열은 그때마다 대충 「I'm sorry, but I didn't read fairy tales a lot as a kid.」(미안하지만, 난 어렸을 때 동화를 많이 읽지 않아서.)라고 얼버무리고 말았다.

어느 날, 지미가 「Oh, I see. You don't have a girlfriend, yet.」(넌 아직 여자 친구가 없나보지.)라고 말하는 것을 듣고서야 귀열은 **better half(=other half)**가 여자친구라는 걸 알게 되었다.

○ SITUATION

A: What is your ultimate goal in life?
네 인생의 최대 목표는 뭐야?

B: To find my **other half**, start a family and live happily ever after.
내 반쪽을 찾아 가정을 꾸며서 영원히 행복하게 사는 거.

A: It sounds easy but hard to make it come true.
말은 쉬운데 정말 그러기가 어렵지.

B: Tell me about it.
누가 아니래.

자존심이 세다고?

ego problem

성식이 팀과 얘기하고 있는데 에미가 나타났다. 팀과 에미는 둘이서 한참 떠들다가 갑자기 분위기가 반전되면서 팀이 에미에게 이렇게 말하자 에미는 벌컥 화를 내며 그 자리를 떠나 버리는 게 아닌가.

You have an ego problem.

자존심이 세다고? 그런데 이런 정도의 말에 왜 에미가 저토록 화를 내는 거지? 고개를 갸우뚱하던 성식은 팀의 얘기를 듣고서야 ego problem이 공주병이라는 뜻인 줄 알고 에미가 화낼 만하다고 생각했다.

○ **SITUATION**

A: My sister has a huge ego problem.
   내 여동생은 심한 공주병이 있어.

B: So do you.
   너도 만만치 않아.

A: I do not!
   내가 무슨 공주병이야.

B: That's really a case of the pot calling the kettle black.
   똥 묻은 개 겨 묻은 개 나무란다더니.

• The pot calling the kettle black. 똥 묻은 개가 겨 묻은 개 나무란다.

Scene 169

history

→ **우리의 우정이 역사적이라고?**

동표는 유학 와서 캐더린과 가깝게 지내면서 서로 많은 이야기를 나눴다. 그러던 동표는 여름 방학 때 한국에 나가 선을 보게 되었고 결혼까지 하게 되었다. 캐더린에게 한국 결혼 문화도 소개할 겸 자세히 알려주었더니 며칠 동안 이메일이 없다가 드디어 캐더린에게서 답신이 왔다.

> **If you marry the woman, our friendship will be history.**

뭐, 우리의 우정이 역사적이라고? 동표는 감동하지 않을 수 없었다. 캐더린이 나와의 우정을 이처럼 역사적인 것으로 생각하다니! 그러나 동표는 history에 끝장이라는 뜻이 있는 줄 모르고 잠시 달콤한 환상에 빠졌던 거다.

○ SITUATION

A: I can't believe you're marrying him when you know I used to date him!
전에 사귄 남자친구라는 거 뻔히 알면서 결혼한다니 기가 막힌다!

B: Your relationship is over. Can't you just be happy for me?
이미 지난 일이잖아. 그냥 축복해 주면 안돼?

A: I'm not going to the wedding. I don't think I can watch.
결혼식에 안갈 거야. 두 사람 결혼하는 거 못볼 것 같아.

B: Is this what our friendship comes down to?
우리 우정이 고작 이것밖에 안 되었니?

A: I guess so. If you marry him, our friendship will be history.
그런 것 같다. 결혼하면 그날로 우리 우정은 끝이야.

give sb a piece of one's mind
마음을 주겠다고?

창수의 여자친구 메리는 지난 학기 성적표를 조회한 후 커뮤니케이션 담당 교수인 베커에게 편지를 쓰겠다면서 이렇게 말했다.

> I will write a letter to my professor and **give him a piece of my mind**.

뭐, 마음을 주겠다고? 러브레터를 보내겠다는 얘기 아냐? 평소 메리가 베커 교수를 좋아하고 있는 줄 알았지만, 도대체 성적을 얼마나 잘 주었길래 러브레터까지 보내겠다고 법석을 피우는 걸까? **give sb a piece of one's mind**가 항의하다라는 뜻인 줄 모른 창수는 메리에게 괜한 배신감을 느낀 것이다.

○ SITUATION

A: I've never been so insulted in my life!
  살면서 이렇게 모욕당한 적은 없었던 것 같아!

B: What did he say to you?
  그 남자가 너한테 무슨 말을 했는데?

A: He thought I was a hooker!
  내가 창녀인 줄 알았대!

B: What?! Where is he? I'm gonna **give that bastard a piece of my mind**!
  뭐라고?! 그 사람 지금 어디 있어? 그 자식 따끔하게 혼을 내줘야겠네!

birthday suit

생일 옷차림으로 수영을 해?

집에 계속 있기에는 너무나 더운 날이었다. 진수와 크리스는 수영장에 가기로 했다. 진수는 깜박 잊고 수영복을 가져오지 않아 어떻게 해야 하나 고민하는데, 크리스가 이렇게 말했다.

We used to swim in our birthday suits.

뭐, 생일 옷차림으로 수영을 하자고? 그래도 그렇지 어떻게 정장 차림으로 수영을 해? 진수가 어리둥절해 있는 사이에 크리스가 홀딱 벗고 알몸으로 뛰어드는 게 아닌가. 맙소사! 다 큰 처녀가 알몸으로 물에 뛰어들다니…. 진수는 기절초풍했다. birthday suit가 태어날 때 입은 옷이니까 결국 알몸이라는 뜻인 줄 누가 알았으랴!

○ SITUATION

A: Do you have any childhood memories?
   기억에 남는 어린 시절 있어?

B: I could practically write a book.
   책 한 권 쓸 정도로 많지.

A: If you were to pick one, what would it be?
   굳이 하나만 고르자면 뭐야?

B: The time when my cousins and I swam in our birthday suits.
   사촌들이랑 벌거벗고 수영했을 때.

be in deep water

물속 깊이 잠겨있다고?

IT회사 창업을 하는 알렌이 어느 날 저녁 친구 승식에게 전화를 걸어 다 죽어가는 목소리로 이렇게 말하는 거였다.

I am in deep water now.

뭐, 물속 깊이 잠겨있다고? 알렌이 스쿠버 다이빙을 배우고 싶어 안달이더니 마침내 잠수를 하는구나 하고 생각한 승식은 「Congratulations!」이라며 큰소리로 축하의 말을 건넸다. 그러자 알렌이 「What?」하면서 수화기를 내던지듯이 전화를 끊어 버리는 게 아닌가.
영문도 모른 채 무안을 당한 승식은 하루종일 씩씩거리면서 알렌을 원망했다. 나중에 **be in deep water**가 위험한 상황에 처해 있다라는 뜻인 줄 알게 된 승식은 너무 미안하여 앞으로 알렌을 볼 일이 걱정되었다.

○ SITUATION

A: That's strike two for Brian.
브라이언으로서는 두 번째 경고를 받은 거야.

B: I know. If he gets caught again for drunk driving, he **is in deep water**.
그러게 말야. 음주운전으로 또 걸리면 진짜 심각한 상황에 처하게 되는 거야.

A: We need to keep an eye on him.
옆에서 잘 주시해야겠다.

miss the boat

→ 배 한번 안 탄다고 어디 덧나니?

이번 분기 실적이 별로 좋지 않은 동훈은 부서 회식 자리도 부담스러워 그 대신 근처에서 여자 친구랑 만나기로 했다. 그래서 동훈은 팀장인 조셉에게 회식에 참석 못하는 이유를 적당히 꾸며댔다. 그러자 조셉이 이렇게 말하는 거였다.

You'll miss the boat.

뭐, 보트를 놓칠 거라고? 그러라지 뭐. 그깟 유람선 한번 안 탄다고 어디가 덧나나? 그래서 동훈은 조셉에게 「I won't regret missing the boat.」(유람선 한번 못 탄다고 후회 안해.)라고 대답했다. 그러자 조셉이 한심하다는 투로 동훈을 쳐다보았다. 동훈은 **miss the boat** 가 **좋은 기회를 놓치다**라는 뜻인 줄 모르고 스스로 자기 무덤을 판 것이다.
만약 "넌 배를 놓칠 거야"라는 뜻이었다면 「You'll miss your boat.」라고 했을 것이다.

○ SITUATION

A: Did you apply for the job opening at BMW?
BMW에 자리 하나 났는데 신청했어?

B: The deadline for applications is tomorrow, right?
내일까지가 마감이지?

A: It's today you moron!
바보야, 오늘까지야!

B: I guess I have to hurry.
서둘러야겠네.

A: Move it or you'll **miss the boat**!
빨리빨리 움직여 안 그러면 좋은 기회 놓친다!

Scene 174 : by a nose

콧대가 세서 이겼다고?

고3 때 부모님을 따라 미국으로 이민온 예린은 공부도 잘 하고 과외 활동에도 열심이었다. 그 결과 (비록 영어는 아직 완벽하지 못하지만) 주립 대학 입학 허가서를 받을 수 있었다. 대학 1학년 생활을 시작한 직후, 예린은 대학 육상 선수로 뽑혀 학교 대항 경기에 출전하였다. 100미터 종목에서 젖 먹던 힘까지 다한 예린은 1위로 골인하였다. 그런데 경기 후 탈의실에서 선배들이 이렇게 말하는 게 아닌가.

You only won by a nose.

뭐, 콧대가 세서 이겼다고? 이 말을 듣고 기분이 언짢아진 예린이 「I don't agree with you on that.(말도 안돼.)」라고 쏘아붙이자 한 선배가 「That's a fact.」라며 물러설 기미를 보이지 않았다. 예린은 **by a nose**가 아슬아슬하게라는 뜻인 줄도 모르고 선배들과 다툴 뻔한 것이다.

O SITUATION

A: Did you watch the Salt Lake City Winter Olympics on television?
  솔트레이크 올림픽 게임 봤어?

B: Yeah. Korea and America were really neck and neck.
  응. 특히 여자 스피드 스케이트 경주 정말 치열하더라.

A: Did you see the South Korean skater win **by a nose**?
  한국 선수가 아슬아슬하게 이기는 장면 봤어?

B: Sure. I stayed on the edge of my seat the whole time.
  그럼. 나는 경기 내내 손에 땀을 쥐었다구.

• stay on the edge of one's seat(=to be nervous) 초조하다, 손에 땀을 쥐다

그 밖의 오해하기 쉬운 표현

hub(=the center of a wheel, fan or propeller)

바퀴나 선풍기 또는 프로펠러처럼 둥근 물체의 정중앙을 의미하며, IT에서는 정보 통신망 전송로의 중심에 위치하여 바큇살 모양으로 다른 단말장치를 접속하는 형태의 전송로 중계장치를 말한다. 정치·경제적으로는 요충지 또는 중심지라는 의미로 쓰인다.

The government recently unveiled its plan to develop Korea into the international business hub of Northeast Asia.
정부는 최근 한국을 동북아의 국제 비즈니스 허브로 발전시키겠다는 계획을 발표했다.

rib and backbone　　　　　　　　　　근거리 통신망 및 기간 통신망 ::

backbone은 통신망에서 척추 역할을 하는 기간 통신망이며 rib은 이에 연결된 소규모 근거리 통신망(LAN)을 말한다.

- backbone industry 기간 산업

prime time　　　　　　　　　　　　　　　　황금시간대 ::

우리가 흔히 말하는 TV의 황금시간대를 영어에서는 prime time이라고 하는데 대체로 오후 8~10시를 가리킨다. 미국에서는 golden hours 또는 golden time이라고 하면 golden years(노년기)로 혼동하기 쉽다.

brown eyes　　　　　　　　　　　　　　　　검은 눈 ::

우리가 흔히 '검은 눈'으로 알아듣기 쉬운 black eye는 멍든 눈이며, 검은 눈은 brown eyes로 쓴다.

circular line　　　　　　　　　　　　　　　순환선 ::

서울시 2호선 전철에 보면 순환선이라는 뜻으로 circulation이라고 쓰여있는데 circular line이라 해야 맞다. circulation은 혈액순환을 나타낸다.

> We judge man's wisdom by his hope.
> 우리는 사람의 희망을 보고 그 사람의 지혜를 판단한다.

해설 | Gina Kim

미국에서 고등학교와 대학교(워싱턴주립대)를 졸업하고 한국으로 돌아와 영어 학습 관련 활동을 왕성하게 펼치고 있다.

MBC FM「배철수의 음악 캠프」'팝스 잉글리시', SBS 파워 FM「모닝 잉글리시」, CBS FM「뮤직네트워크」, YBM시사닷컴 온라인 회화 강의 등을 진행했으며, 동아일보 영어회화 연재, 연세어학당 TOEIC 강의, SDU 서울디지털 대학교 교양과목, 영어회화 강의를 진행했다.

Gina Kim이 제시하는 영어 정복 비결은 "지금 당장 눈으로 보는 공부를 때려치고 입으로 떠드는 공부를 하라"는 것이다. 그리고 "단어 하나 문장 하나를 읽을 때도 그 의미에 맞는 감정을 듬뿍 실어서 읽으라"는 것이다. Gina Kim이 쓴 책으로는「영어회화와의 마지막 전쟁」「지나김의 영어회화 초짜떼기」「리스닝카페 실전」「비즈니스 회화 50패턴」「아줌마 영어회화 첫걸음」외 다수가 있다.

원타임즈가 참신한 기획과 정성들인 원고를 찾습니다

독자가 가장 필요로 하는, 최소의 비용으로 최대의 효과를 거둘 수 있는
알차고 참신한 외국어 학습 관련 원고 또는 기획을 찾습니다.
원타임즈는 그런 원고와 기획을 기꺼이 받들어 모실 것이며,
최상의 책으로 만들어낼 준비가 되어 있습니다.